Der Überzeugungstäter

D1727799

Das Buch

Er war der letzte Chef des Auslandsnachrichtendienstes der
DDR, dem er während der ganzen Zeit seiner Existenz angehörte. Großmann brachte es bis zum Generaloberst und kennt
wie kaum ein Zweiter das Innenleben des Apparats und dessen
Wirken im Ausland. In einem Gespräch berichtet er über sich,
sein Leben und seine Aufgaben in der Aufklärung, über die er
bislang geschwiegen, aber stets mit Überzeugung erfüllt hatte.

Der Autor

Werner Großmann, geboren 1929 bei Pirna, lernte Maurer,
machte Abitur, studierte an der TH Dresden und war dort
einige Zeit FDJ-Funktionär. 1952 wurde er Mitarbeiter des MfS.
Nach dem Besuch der Schule des Außenpolitischen Nachrichtendienstes (APN), aus dem die Hauptverwaltung Aufklärung
(HVA) hervorging, absolvierte er die Parteihochschule in Moskau (1966/67) und die Juristische Hochschule in Potsdam-
Golm (1972). 1986 wurde er in der Nachfolge von Markus Wolf
Chef des Auslandsnachrichtendienstes der DDR und stellvertretender Minister für Staatsicherheit.

Peter Böhm, geboren 1950, Journalist, war im Internationalen
Pressezentrum in Berlin tätig und recherchiert seit Jahren zum
Thema Geheimdienste. Zuletzt schrieb er über die Spione Hans-
Joachim Bamler, Hans Voelkner und Horst Hesse.

Werner Großmann

mit Peter Böhm

DER ÜBER- ZEUGUNGS- TÄTER

edition ost

Für Brigitte,
ohne die ich nie der geworden wäre,
der ich war und bin.

Inhalt

Vorwort

Ihn kannte die Öffentlichkeit so wenig wie seinen Vorgän-
ger. Dieser wurde erst publik, als er publizierte. Da jedoch
war Markus Wolf schon aus dem Dienst ausgeschieden
und sein langjähriger Stellvertreter Werner Großmann
hatte seine Funktionen übernommen: Er wurde Mitte
1986 Leiter der Hauptverwaltung Aufklärung und Stell-
vertretender Minister für Staatssicherheit der DDR. Das
ist normal: Ein Geheimdienst wäre kein Geheimdienst,
wenn seine Mitarbeiter – ob nun führend oder nur im
Glied stehend – täglich in der Zeitung oder im Fernsehen
zu besichtigen wären.

Das vermutlich erste Foto von Großmann in einer West-
zeitung erschien im Oktober 1990, als es angeblich nicht
mehr Ost oder West gab, denn am 2. Oktober hatte die
DDR, der Großmann Zeit seines Berufslebens treu und
mit Überzeugung diente, aufgehört zu existieren, und
am 3. Oktober wurde er verhaftet. Großmann wurde
fotografiert – oder, wie das jetzt in der Fachsprache des
Boulevard hieß, »abgeschossen«, als er in Karlsruhe aus
dem Hubschrauber stieg, damit ihm im dort amtierenden
Bundesgerichtshof der Haftbefehl persönlich verkündet
werden konnte.

An jenem 3. Oktober 1990 lagen sich die Offiziellen in den
Armen, weil doch nun die Bundesrepublik über Nacht um

108 000 Quadratkilometer und rund 16 Millionen Steuerzahler reicher geworden war, während der arbeitslose Großmann spazieren ging. Als der 61-Jährige mit seiner Familie zurückkehrte, passte sein Schlüssel nicht mehr in der Haustür. Er klingelte kühn an seiner eigenen Pforte – und schon ward ihm aufgetan: von Beamten des Bundeskriminalamtes, die gerade dabei waren, die Wohnung der Großmanns zu durchstöbern. Um dabei nicht gestört zu werden, hatten sie vorsichtshalber die Schlösser ausgewechselt. Weil, so erklärten sie ihm, die Fahnder davon ausgegangen seien, dass der Gesuchte sich abgesetzt habe. Umso erfreuter schienen sie, Großmann nun festnehmen und dem Generalbundesanwalt in Karlsruhe zuführen zu können. Der ehemals ranghöchste »Ostspion« war der erste DDR-Offizielle, der am Tag 1 der neuen BRD verhaftet wurde. Es war ihm eine Ehre.

Großmanns Anwalt beantragte Haftverschonung, die der Ermittlungsrichter mit Auflagen auch gewährte, indem er den Haftbefehl außer Vollzug setzte. Die Begründung ist insofern interessant, als sie ein Urteil des Bundesverfassungsgerichts von 1995 vorwegnahm. Werner Großmann, so der Ermittlungsrichter Klaus Detter, habe »glaubhaft dargetan, dass er sich dem Verfahren stellen wird. Dabei hat er besonders darauf hingewiesen, dass er sich als früherer Leiter der HVA auch in Verantwortung gegenüber seinen bisherigen Mitarbeitern sieht. Er will erreichen, dass der Öffentlichkeit bewusst wird, dass er bis zur Wiedervereinigung für seinen Staat eine legitime Tätigkeit ausgeübt hat. Von besonderer Bedeutung ist für ihn dabei, dass es sich um eine Tätigkeit gehandelt hat, der in allen Staaten durch Sicherheitsorgane nach-

Werner Großmann und Peter Böhm, November 2016

gegangen wird. Die Haltung des Beschuldigten spricht dafür, dass er sich dem weiteren Verfahren mit allen seinen Schwierigkeiten stellen will«, so Detter in seiner Begründung.

Zum Verfahren kam es nicht. Nach fast fünf Jahren, am 15. Mai 1995, nahm der Generalbundesanwalt die Klage gegen Großmann zurück und stellte das Verfahren ein. Am selben Tage nämlich hatte das Bundesverfassungsgericht erklärt: »Die Angehörigen der Geheimdienste der DDR haben – wie die Geheimdienste aller Staaten der Welt – eine nach dem Recht ihres Staates erlaubte und von ihm sogar verlangte Tätigkeit ausgeübt.«

Mit dieser Feststellung hatte sich die Jagd auf Mitarbeiter des MfS jedoch keineswegs erledigt. Die Propagandamühlen mahlen seither unentwegt die gleiche Kleie, noch nach einem Vierteljahrhundert rauscht der Blätterwald, wenn bei einem auch nur schwach bekannten Manne das Kürzel »MfS« im Lebenslauf auftaucht, egal, ob er am Ende der DDR noch Windeln trug oder schon General war. Werner Großmann erlangte dadurch ungewollt eine Bekanntheit, die ihm zu DDR-Zeiten aus den genannten Gründen nicht zuteil werden konnte. Er hätte gern auf diese Art Prominenz verzichtet. Denn anders als andere, Kollegen nicht ausgenommen, drängte er nie ins Rampenlicht. Er ist der Typ des anständigen und verlässlichen Hintergrundarbeiters, eines Kanalarbeiters in jenem Sinne, wie Egon Bahr ihn verstand, wenn er von »back channels« sprach: den verschlungenen, verborgenen, den konspirativen Wegen, auf denen vertrauliche Nachrichten und Botschaften durch den Eisernen Vorhang hin- und herbefördert wurden. Großmann war, im guten Sinne, Kanalarbeiter und Amtsleiter. Nie redselig, loyal gegenüber seiner Obrigkeit wie gegenüber seinen Unterstellten, darum nur in Maßen ehrgeizig und frei von jenem Eifer, der in hierarchischen Strukturen als Bazillus umgeht und vor allem jene infiziert, die um jeden Preis nach oben wollen. Auch ohne dass dem durchaus feinsinnigen für einen Uniformträger ungewöhnlich sensiblen Großmann die Erkenntnis eingebläut worden war, handelte er nach ihr: Wenn man hinaufsteigt, muss man eines Tages auch wieder hinabsteigen und trifft dann jene Personen erneut, an denen man einst vorbeigezogen war. Und so, wie man sie damals behandelte, werden sie einem dann auch begegnen. Generaloberst a. D. Großmann und also »Zwangs- und Strafrentner« wie seinesgleichen (oder, um im Bild der Militärs zu bleiben, wie der »Schütze

Arsch im letzten Glied«) wurde von niemandem geschnitten oder musste keinem aus dem Wege gehen: in seinem Keller lagen keine Leichen.

Werner Großmann marschiert, wenngleich mit Stock, auf die 90 zu. In diesen Regionen wird es zunehmend einsamer, Freunde gehen, ehemalige Kollegen und Kampfgefährten, auch seine Frau Brigitte hat ihn unlängst verlassen. Diese Reihenfolge war nicht erwartet worden, schon gar nicht von ihm. Vielleicht haben die Umstände ihn veranlasst, meiner Bitte nach einem abschließenden Gespräch über sein Leben als Überzeugungstäter nachzukommen. Vielleicht aber lag es auch daran, dass Werner Großmann ein freundlicher, hilfsbereiter und aufgeschlossener Mensch ist, der mit klarem Verstand die Zeichen der Zeit zu deuten weiß.

Peter Böhm,
Berlin, im Januar 2017

Fahnenflüchtig
bei den Nazis

In den einschlägigen Nachschlagewerken der Neuzeit findet man zwei Auskünfte, die nicht interpretiert werden:
»Werner Großmann kam am 9. März 1929 zur Welt.«
Und: »Der Geburtsort heißt Oberebenheit und liegt bei Pirna in Sachsen.« Was für ein merkwürdiger Name.

Oberebenheit liegt auf einer Ebene oberhalb der Elbe, und seit ich den Ort kenne, hat er sich nicht verändert: Er besteht aus drei Gehöften. Meine Eltern, beide noch sehr jung, heirateten erst 1934, und so kam ich als uneheliches Kind zur Welt. Allerdings wurde ich in eine funktionierende Familie hineingeboren. Meine Mutter Martha Großmann fand Rückhalt bei ihren Eltern, somit verbrachte ich die ersten Jahre bei meinen Großeltern in Oberebenheit. Mein Vater Arno war Zimmermann und – wie damals üblich – auf der Walz, um in der Fremde Geld zu verdienen. Als ich geboren wurde, war er kurz zu Haus; dann zog er wieder los, schweren Herzens.

Man lebte dort einfach. Die Höfe wurden von kleinen Bauern geführt, die sechs bis acht Kühe besaßen, zwei, drei Pferde und ein paar Schweine. Dazu Enten, Gänse, Hühner und einen Wachhund. Dann gab es noch die

Scheune mit der Tenne, wo das Getreide gedroschen wurde, einen Heuboden und ein Getreidelager. Die Bauern beschäftigten in der Regel eine Magd und einen Knecht. Sie wohnten in kleinen Zimmern über dem Pferdestall und unterhalb des Getreidebodens. Weder dort noch in der Küche des Bauern gab es fließendes Wasser, Bad und WC kannte man nicht. Das Klo befand sich in einem Verschlag auf dem Hof. Im Winter war das Brett mit dem Loch vereist, im Sommer kreisten die Fliegen. Alles nicht sehr angenehm. Aber da man nichts anderes kannte, nahm keiner daran Anstoß. Man kann nur vermissen, was man kennt.

Brannte denn wenigstens eine Glühbirne an der Decke? In den 30er Jahren probierte man in Berlin bereits das Fernsehen.
Die Wohnung hatte kein elektrisches Licht, und wir besaßen folglich auch kein Radio. Musik machten wir mit einem Grammophon, dessen Feder mit einer Kurbel aufgezogen werden musste. Licht spendeten Petroleumlampen. Elektrischen Strom gab es nur dort, wo er Arbeit verrichtete: im Stall, in welchem abends die Kühe gemolken wurden, und auf der Tenne, wo er die Dreschmaschine antrieb.

Drei Höfe. Wo war die Schule?
In Ebenheit, dem Hauptdorf mit vielleich 200 Seelen. Dorthin führte keine Straße, sondern nur ein Weg, den allenfalls Fuhrwerke befahren konnten. Zum Unterricht und zum Einkaufen – dort gab es einen Tante-Emma-Laden – lief man zu Fuß.

Was hatten Ihre Eltern gelernt? Ihr Vater, sagten Sie, war
Zimmermann. Und Ihre Mutter?
Sie besuchte die Volksschule und ging danach »in Stel-
lung«, wie das damals hieß. Sie musste Geld verdie-
nen. In Pirna arbeitete sie als Haushaltshilfe bei einem
Fleischer. Das brachte etwas Bares und, ganz wichtig,
Naturalien in Form von Wurst und Fleisch.

Vater arbeitete, nachdem er das Leben als wandernder
Zimmermann aufgeben konnte, in Cunnersdorf. Das
lag wenige Kilometer von Ebenheit entfernt und näher
an der Stadt Pirna. Arno Großmann stammte aus einer
Bauarbeiterfamilie. Sein Vater arbeitete auf dem Bau,
und dessen Geschwister taten es auch. Großmanns hatten vier Söhne und eine Tochter. Arno war der Älteste.
Die Söhne gingen auch alle auf den Bau, als Maurer
oder als Zimmerleute.

Unter dem Dach war also ein ganzer Bautrupp ver-
sammelt, weshalb eines Tages auch ein Haus errichtet
wurde. Wie mein Großvater zum Hausbesitzer geworden war, blieb mir lange Zeit unerklärlich. Zwar konnten meine Onkel und der Vater Gebäude errichten, aber
neben der Arbeitskraft, die es unentgeltlich gab, kostete
vor allem das Baumaterial. Später erst merkte ich, wie
groß der angehäufte Schuldenberg war.

Die Großeltern besaßen ein größeres Grundstück an
der Dorfstraße in Cunnersdorf. Das Haus, das sie darauf setzten, verfügte über sechs Wohnungen, in jeder
Etage zwei.

Das zweite Haus bauten sie 1934 für meine Eltern und
mich. Erheblich kleiner. Es wurde auf einer Wiese an
Rand eines Waldes, der ins Elbtal hinabging, errichtet

und bestand aus Wohnküche, Schlafzimmer und einem kleinen Toilettenraum. Es war aber voll unterkellert, jedoch ohne Dachboden, an der Seite gab es noch einen kleinen Schuppen. Das Haus war außen mit Holz verkleidet, weshalb es »das Holzhäuschen« hieß. Dort zogen wir 1934 ein.

Häusle-Bauer, aber kein Geld zum Heiraten. Das verstehe ich nicht.
Sie haben ja geheiratet, als ich fünf war. Da ging es ihnen finanziell ein wenig besser. Und dadurch, dass Vater als Zimmermann damals in Deutschland und Österreich auf der Walz war, wollte man sich wohl auch nicht binden. Ich kann nur spekulieren, denn darüber habe ich nie mit ihnen gesprochen. Sie heirateten erst, als er sesshaft geworden war.
In der Stadt Pirna gab es zwei Baufirmen, bei der einen hat Vater bis zu seinem frühen Tod 1947 gearbeitet. Aber die Zimmermanns-Tätigkeit befriedigte meinen Vater nicht. Er wollte sich entwickeln, lernen, weiterkommen. Und so qualifizierte er sich im Selbststudium zum Polier, eine Art Baustellenleiter.

Gab es in Cunnersdorf eine Schule?
Nein, wir mussten nach Ebenheit. Wir waren so sechs bis acht Kinder, die täglich und bei jedem Wetter die etwa drei Kilometer zu Fuß zurücklegten. Über Kuhweiden, Stock und Stein, wie man so sagt. Als wir größer waren, fuhren wir mit dem Rad über die Feldwege. Dies alles stärkte unser Gemeinschafts- und Zusammengehörigkeitsgefühl. Es existierte in allen Generationen.

Der Vater vor dem Holzhaus in Cunnersdorf

Man war aufeinander angewiesen, brauchte sich gegenseitig, half einander, wenn es nottat. Die Väter trafen sich reihum zum Doppelkopf – dieses Kartenspiel beherrscht heute kaum noch jemand. In meiner Kindheit war es sehr populär. Jede Woche traf sich die Doppelkopfrunde bei einem anderen.

Natürlich gab es auch eine freiwillige Feuerwehr, was für die Bauernhöfe sehr wichtig war, denn schnell fing ein Getreidefeld oder eine Scheune Feuer. Sobald man einen Schlauch tragen konnte, schloss man sich der Dorffeuerwehr an. Ich auch. Zweimal im Monat fand eine Übung statt. Und man brauchte Kraft, denn die Pumpe wurde mit Muskelkraft bewegt.

Ihr Wohnort lag unweit von Schloss Sonnenstein, einer Mordstätte der Nazis. Dort wurden, wie man heute weiß, an die 14 000 Menschen mit geistigen und körperlichen Behinderungen im Rahmen der T4-Aktion ermordet. Haben Sie etwas davon bemerkt?

Ja und nein. Dass sich während des Krieges dort eine Mordstätte der Nazis befand, erfuhr ich erst viel später, nach dem Krieg. Dass auf der Festung im Pirnaer Stadtteil Sonnenstein geistig und körperlich Kranke stationär untergebracht waren, wusste jeder. Es war eine Heilanstalt seit weit über hundert Jahren, in der geistig Kranke, die als heilbar galten, behandelt wurden. Sie arbeiteten, das war Teil der Therapie, auf einem Gut, einer staatlichen Meierei. Die Patienten wurden am Morgen zur Arbeit geführt und zum Feierabend wieder in das Schloss gebracht. Wir sahen sie gelegentlich, hatten aber keinen Kontakt. 1940/41 fuhren auffällig viele Busse mit zugehängten Fenstern hinauf zur Festung – wie wir heute wissen, saßen darin geistig kranke Menschen, von den Nazis zynisch als »unwertes Leben« bezeichnet. Sie wurden auf Schloss Sonnenstein mit Gas getötet und Opfer der »Euthanasie«-Morde. Nach 1941 wurde das Schloss als Lazarett genutzt, und eine Reichsverwaltungsschule wurde ebenfalls dort untergebracht.

Welche Rolle spielte die Kirche im Ort? Waren Ihre Eltern konfessionell gebunden, wurden Sie getauft?

Meine Eltern waren evangelisch-lutherisch getauft wie fast jeder, ich natürlich auch. Aber die Religion spielte bei uns kaum eine Rolle. Sie zahlten wohl Kirchensteuer, aber in die Kirche gingen sie nie, ich kann mich

Werner Großmann mit seinen Eltern, Ende der dreißiger Jahre

jedenfalls nicht daran erinnern. Zu meiner Konfirmation mussten wir extra nach Pirna pilgern, weil es in Cunnersdorf zwar einen Gasthof, aber kein Gotteshaus gab. Ich trat später, was nur logisch und konsequent war, aus der Kirche aus.

Nun ist es eine Binsenweisheit, dass die entscheidenden Prägungen während der Kindheit und Jugend erfolgen. Als den Nazis 1933 die Macht übertragen wurde, waren Sie vier, und sechzehn, als das Nazi-Reich durch die militärischen Schläge der Antihitlerkoalition zerbrach. Hinterließ die braune Diktatur Spuren bei Ihnen?
Mittel- und langfristig ganz gewiss nicht. Mit der Nazi-Ideologie kam ich erstmals in der Schule in Ebenheit in Berührung. Das war eine Zwergschule, bestehend aus zwei Unterrichtsräumen. In der einen lernten die Klassenstufen eins bis vier, in der anderen die von fünf bis acht. Es gab zwei Lehrer, aber dass sie ausgemachte Nazis gewesen wären, könnte ich nicht sagen. Außerdem wechselte ich mit der 5. Klasse nach Pirna, weil ich Abitur machen wollte oder sollte.

Aber bei den sogenannten Pimpfen, der Hitlerjugend, waren Sie schon? Oder?
Wie alle Jungs, wenn sie das 10. Lebensjahr erreicht hatten. Ende der 30er Jahre war eine »Jugenddienstpflicht« gesetzlich vorgeschrieben: An zwei Tagen in der Woche hatte man irgendwelche unsinnigen Verrichtungen und Schulungen zu absolvieren.
Meine Eltern waren keine Mitläufer oder gar Anhänger des Nazi-Systems, allerdings auch keine Widerstands-

kämpfer. Ihre Grundeinstellung war eher ablehnend denn zustimmend, im weitesten Sinne wohl antifaschistisch. Ich erinnere mich, dass meine Mutter nach dem Überfall auf die Sowjetunion im Juni '41 lakonisch feststellte, dass dies nun wohl Hitlers Ende sein würde. Ich hatte nicht den Eindruck, dass diese Einsicht sie sonderlich traurig gestimmt hätte.

Vater zog man zur Wehrmacht ein, er war an der Ostfront. Ich entsinne mich, dass er im Urlaub von Dingen sprach, die er nicht in Ordnung fand. Ob er dafür das Wort »Verbrechen« benutzte, was sie ja waren – verübt von seinesgleichen, von Wehrmachtsoldaten, SS und SD –, weiß ich nicht. Erkennbar jedoch war, dass er verurteilte, was er erlebt oder gesehen hatte.

Sie kamen 1940 ans Gymnasium in Pirna. Ein wenig ungewöhnlich für einen wie Sie, mit diesem familiären Hintergrund.

Ja, ab der fünften Klasse besuchte ich die Staatliche Oberschule für Jungen. Ich war von meinem Lehrer aufgrund meiner schulischen Leistungen empfohlen worden. Ich meine, kein besonders guter Schüler gewesen zu sein. Meinen Eltern sahen das wohl ähnlich und verhielten sich reserviert, der Lehrer führte mehrere Gespräche mit ihnen, ehe sie zustimmten. Ich glaube, dass ihnen die Zusage, kein Schulgeld zahlen zu müssen, die Entscheidung erleichterte. Ich habe später nie darüber mit meinem Vater geredet, doch ich bin mir sicher, dass ihm die Perspektive Abitur gefiel, denn das entsprach seiner Lebenshaltung: lernen, lernen und nochmals lernen!

Beim Besuch im Dresdner Zoo mit den Eltern

Für mich kam dieser Schulwechsel nicht nur überraschend, er stellte auch einen Bruch mit Gewohntem
dar. In Cunnersdorf war ich einer unter Gleichen, in
Pirna einer vom Dorf. Obgleich meine Eltern in Pirna
arbeiteten, war ich anfangs völlig verunsichert. Hinzu
kam dann die stete Entfremdung von meinen Freunden
im Dorf. Im Wortsinne trennten sich unsere Wege. Ich
hielt es nun mit den »Bessergestellten« in der Stadt, wie
sie meinten, war also in ihren Augen auch »was Besseres«, ein »Verräter« gar.
Ich empfand alles als zweifache Bedrückung: den Ver-
lust des Vertrauten und das Fremde, das mich nun
umgab. Das waren alles Kinder aus der Mittelschicht,
ich als Sohn eines Zimmermanns war Proletarierkind.
Deren Eltern besaßen alle Bücherschränke zu Hause,

sie hatten einen Vorrat an Wissen und Bildung mitbekommen, den ich nicht besaß. Mein Banknachbar zum Beispiel war der Sohn eines höheren Bahnangestellten. Seine Familie lebte in einer großen Dienstwohnung im Bahnhof von Pirna. Er hatte ständig Geld in der Tasche, bekam also regelmäßig Taschengeld, was mir meine Eltern natürlich nicht bieten konnten.

Haben die Mitschüler Sie spüren lassen, dass Sie nicht einer der ihren waren?
Einige schon, aber die meisten nicht. Im Großen und Ganzen haben wir uns verstanden. Aber ich blieb trotzdem ein Außenseiter, weil ich bei vielem nicht mithalten konnte. Das begann mit der Kleidung und endete nicht bei den Freizeitmöglichkeiten. Wenn alle in die Italienische Eisdiele in Pirna gingen, hielt ich mich fern: Mir fehlte schlicht das Geld. So haben mich weniger meine Mitschüler, sondern mehr die Umstände spüren lassen, dass ich eigentlich nicht dazu gehörte.

War damit das Scheitern an der Schule vorprogrammiert?
Dass mir der Unterricht schwerfiel, heißt ja nicht, dass ich scheiterte. Es fiel mir das meiste schwer. Soweit ich mich entsinnen kann, lagen mir Deutsch und Englisch. Bei den Naturwissenschaften und der Mathematik gab es Probleme. Latein hingegen war ein Graus. Ich verstand einfach nicht, warum man eine Sprache erlernen sollte, die kein Mensch mehr sprach. Da fehlte mir einfach die Motivation, und so schleppte ich mich von Schuljahr zu Schuljahr.

Ganz profan: Wie kamen Sie täglich zur Schule? Mit dem Bus, dem Rad?

Zu Fuß natürlich, eine halbe Stunde morgens, eine halbe mittags retour. Am Morgen ging es bergab ins Elbtal in die Stadt, nachmittags wieder bergauf über den Sonnenstein auf die Hochebene. Es war ein schöner Schulweg, denn am Morgen sah ich von oben auf die Dächer und die Türme der Stadt. Und die Elbe glitzerte im Sonnenlicht. Es war ein wunderbares Bild, das ich in mir aufnahm. Die Regentage, oder wenn winters der Wind kalt über das Plateau fegte, habe ich vergessen. Es schien nicht an jedem Tag die Sonne.

In der Natur fühlten Sie sich frei, nicht in der Stadt, wie Sie einmal sagten. Bekanntlich heißt es doch: »Stadtluft macht frei!«

Das galt nicht für mich. Deshalb liebte ich ja auch den Sport. Wegen meiner Größe war ich beim Feldhandball gefragt. Damals spielte man draußen, nicht in der Halle. Ich gewann dadurch alsbald Anerkennung bei meinen Mitschülern. Plötzlich besaß ich Freunde. Ich genoss ein gewisses Ansehen, was meinem schwachen Selbstbewusstsein guttat.

Die Kehrseite der Medaille: Man machte mich in der HJ zum Jungzugführer. Bei Geländespielen, die mir durchaus Spaß bereiteten, hörten 20 bis 25 Jungen auf mein Kommando. Ich war nicht mehr der Außenseiter, der sich zurechtfinden musste. Ich hatte was zu sagen und war nicht mehr nur der Junge vom Dorf. Bei mir funktionierte genau das, was die Nazis für unsere Generation geplant hatten: Gib ihnen Aufgaben, Funktionen,

Herausforderungen, begeistere sie mit Abenteuer und Kampfsport – und mache sie reif für den Krieg. Flink wie Windhunde, zäh wie Leder, hart wie Kruppstahl …

Kunst und Literatur kamen dabei nicht vor?
Nein. Nicht einmal im Unterricht spielte klassische Literatur eine Rolle. Ich kann mich nur an Nazi-Poeten erinnern.

Wie waren die Lehrer?
Ich habe nur schwache Erinnerungen. Ich erinnere mich an meinen Klassenlehrer, der sich sehr um mich bemühte und mich einige Male zu sich nach Hause einlud. Doch obgleich er immer schützend seine Hände über mich breitete, mich positiv beeinflusste und durchaus beeindruckte, ist auch sein Name aus meinem Gedächtnis entschwunden. Aber wenn Sie damit in Erfahrung bringen wollten, ob an der Schule überzeugte Nazis unterrichteten, muss ich auch die Auskunft schuldig bleiben. Da man alles damals als »normal« empfand, werden wohl auch solche dabei gewesen sein.

Pirna liegt unweit von Dresden. Mitte Februar 1945 legten britische und amerikanische Bomber die Stadt in Schutt und Asche. Der Angriff war militärisch unnötig, wie die meisten Historiker sagen, es war eine Machtdemonstration. Nicht gegenüber dem Gegner, sondern gegenüber dem östlichen Verbündeten. Haben Sie etwas von diesem Bombardement mitbekommen?
Aber natürlich. Bei jedem angekündigten Fliegerangriff flüchteten wir in den Keller meiner Großeltern, weil

der unter unserem Holzhaus wenig Schutz bot. Ich hingegen verspürte selten Lust, mich feige in den Keller zu verdrücken, und bezog Posten auf dem Dachboden. Doch der Angriff vom 13. Februar 1945 war derart heftig, dass ich es mit der Angst bekam und gegen meine sonstige Gewohnheit in den Keller flüchtete.

Sie waren 15, als die Schule für Sie endete?
1944 wurde der Jahrgang 1929 in Wehrertüchtigungslager gesteckt. Die Schule in Pirna wurde einfach geschlossen. Wir kamen nach Altenberg im Osterzgebirge, das Lager befand sich in rund 750 Metern Höhe. Marschieren, Exerzieren, Waffenkunde, Geländeausbildung: das kleine Einmaleins des Krieges eben. Unsere Ausbilder waren Fußballer des Dresdner SC, die spielten in der Gauliga Sachsen, weshalb wir am Wochenende vor ihnen Ruhe hatten. Aber besonders militant waren sie nicht. Als die Alliierten näher rückten – die Rote Armee aus dem Osten, die US Army aus dem Westen –, beriet die Lagerleitung, was zu tun sei. Da die vorhandenen Waffen nicht ausreichten, entschied man, sie nur an Freiwillige auszugeben und die anderen nach Hause zu schicken.
Einer von unseren Leuten, der Wache vor den Baracken schob, bekam die Diskussion und die Entscheidung mit, worüber er uns anschließend informierte. Beim Appell am nächsten Morgen, als es hieß »Freiwillige vor!«, blieb ich natürlich stehen – und wurde nach Hause geschickt.
Meine Mutter war sehr froh, als ich unerwartet vor der Tür stand. Doch die Freude über die Freiheit währte

nicht lange. Schon am nächsten Morgen stand der Orts-
gruppenführer der NSDAP vor der Tür und erteilte mir
den Befehl, mich beim Volkssturm in Pirna-Neuendorf
zu melden. So landete ich in einer Kaserne als Volks-
sturmmann, um »den Russen« zu stoppen. Mir und anderen drückte man Gewehre in die Hand und schickte
uns an den Stadtrand von Pirna und in benachbarte
Orte, um dort Schützengräben auszuheben. Wir bekamen keine Angreifer zu sehen. Stattdessen feuerte
die sowjetische Artillerie. Eine Granate riss meinem
Freund, der direkt neben mir stand, beide Beine weg.
Er verblutete … Das war ein grausiges Schlüsselerlebnis
für uns alle. Wir flüchteten zurück in die Kaserne.
Zwei Tage später hoben wir erneut Schützengräben
aus. Uns beaufsichtigte ein Unteroffizier. Der wohnte
nicht weit von Dresden entfernt und teilte uns unvermittelt mit, dass er jetzt nach Hause gehe. Er warf seine
Ausrüstung weg und überließ uns vier, fünf Jungen unserem Schicksal. Wir beschlossen, seinem Beispiel zu
folgen. Ich warf mein Gewehr in die Gottleuba, einen
kleinen Fluss, der in Pirna in die Elbe fließt, und eilte
zu meiner Mutter. Die schickte mich zu den Großeltern
nach Oberebenheit, damit mich der Ortsgruppenfüh-
rer, der mich zum Volkssturm beordert hatte, nicht erneut finden würde. Die drei Bauernhöfe in Oberebenen-
heit waren jedoch bereits von SS-Einheiten besetzt, um
hier »den Iwan« aufzuhalten.
Ich schnappte mein Fahrrad und fuhr nach Cunnersdorf zu einem Freund, der mit mir auch beim Volkssturm gewesen war. Wir hatten uns gegenseitig verspro-
chen, dass jeder beim anderen unterkriechen könne,

wenn es die Umstände erforderten. Dort, im Haus seiner Eltern, erlebte ich das Ende des Krieges.

Die riskierten eigentlich ihr Leben, indem sie Fahnenflüchtige versteckten.
Was heißt Fahnenflüchtige? Wir waren 15, 16 Jahre alt und nicht vereidigt. Aber es stimmt schon, in den letzten Wochen des Krieges kannten sie keine Gnade. Fliegende Standgerichte von Wehrmacht und SS »verurteilten« bis zum letzten Moment. Zur Disziplinierung der auseinanderlaufenden Truppen erschossen sie jeden, der von der Fahne gegangen war und den sie erwischten.

Als die Rote Armee kam, hab ich mein Rad genommen und bin nach Hause gefahren.

Und das wurden Sie vermutlich gleich los …
Quatsch. Meine Erfahrungen mit den vermeintlichen »Untermenschen« waren positiv. In Mädelgraben, unweit von uns, wurde eine Einheit der Roten Armee stationiert. Wir waren neugierig, was dort vor sich ging. Die Soldaten hatten Pferde auf einer großen freien Fläche angepflockt. Wir waren mit Pferden aufgewachsen, das war nichts Besonderes. Wir lungerten also dort herum. Es dauerte nicht lange, bis uns die Soldaten engagierten, die Tiere zu putzen, sie in der Elbe zu baden und auf ihnen zu reiten. Der Umgang mit den Soldaten war freundlich. Hinzu kam, dass sich im Wohnhaus meiner Großeltern in Cunnersdorf ein sowjetischer Offizier einquartiert hatte. Das war ein sehr angenehmer Mann, der obendrein auf Ordnung bedacht war. Das

Mit der Mutter vorm Holzhaus

Auferstanden aus Ruinen, hieß es 1945

trug ihm Achtung in der deutschen Bevölkerung ein, denn er schützte uns vor Plünderern. Viele ehemalige Gefangene und Zwangsarbeiter drängten nämlich am Ufer der Elbe zurück in ihre Heimat. Erstens brauchten auch sie Nahrung, zweitens waren sie – aus verständlichen Gründen – auf die Deutschen nicht gut zu sprechen. Also nahmen sie sich, was sie brauchten. Der Offizier hielt sie vom Dorf fern.

Übergriffe, Vergewaltigungen, Diebstähle …?
Die gab es gewiss auch, aber nicht bei uns. Meine Erfahrungen mit Sowjetsoldaten in jenen Wochen waren durchweg positiv. Das hat mein Bild nachhaltig bestimmt. Nicht minder prägend war die Bekanntschaft mit zwei Personen aus Cunnersdorf. Der eine war, wie sich bald zeigte, ein aktiver Kommunist, der sich um uns junge Leute kümmerte. Er gründete eine Ortsgruppe der KPD in Cunnersdorf. Der andere hörte in der Nazi-Zeit die BBC und berichtete mir davon, womit er seinen Kopf riskierte.
Meine Verwandten in Oberebenheit sympathisierten mit den Sozialdemokraten, die aus Cunnersdorf mit den Kommunisten. Die wählten sie auch.
Mein Vater, Anfang 1946 aus der Kriegsgefangenschaft zurückgekehrt, nahm sofort Kontakt zur Ortsgruppe der KPD auf. Ich folgte ihm. Am 1. März 1946 traten wir beide der KPD bei. Ich war damals 17 Jahre alt. Mein Vater genoss in Cunnersdorf großes Vertrauen. Er wurde in den dreiköpfigen Gemeinderat gewählt, der die örtlichen Interessen gegenüber dem Landkreis Pirna vertreten sollte.

Beitritt zur KPD am 1. März – am 21./22. April 1946 schlossen sich, zumindest in der sowjetisch besetzten Zone, SPD und KPD zur Sozialistischen Einheitspartei zusammen. Die einen sagen: unter Zwang, die anderen sagen: aus Verantwortung gegenüber der Geschichte. Ein Bruderzwist wie vor 1933, der den Nazis objektiv geholfen hatte, sollte sich nie wiederholen. Die Grabenkämpfe von einst wirkten insbesondere bei den Genossen der KPD nach. »Wer hat uns verraten – Sozialdemokraten« – dieser Spruch besaß seit 1914 eine gewisse Gültigkeit.

Die Vereinigung wurde von allen als richtig und notwendig begriffen und darum konsequent mitgetragen. Niemand aus meiner Umgebung empfand sie als Zwang.

Und der Wunsch, sich erneut zu organisieren? Hatte man – nach den Erfahrungen der Uniformität und Gleichschaltung im Nazi-Reich – nicht die Nase voll von Gleichschritt und Parteidisziplin?

Nein, erstaunlicherweise nicht. Wir Jugendlichen waren neugierig auf das, was kommen würde. Neugierig und aufgeschlossen und bereit, daran mitzuwirken. Es ging weniger darum, uns politisch zu organisieren. Wir wollten einfach leben – ohne Angst, ohne Hunger, ohne Krieg und Bedrohung. Dazu gründeten wir eine Ortsgruppe der Freien Deutschen Jugend, wozu mich vor allem meine Mutter ermuntert hatte. Und ich wurde zu deren Vorsitzendem gewählt.

Vom Jungzugführer
zum FDJ-Vorsitzenden

Sollten alle aus der Menschheit austreten, die mal ein braunes Hemd getragen hatten? Es ging um den Bruch mit der Nazi-Ideologie. Entscheidend waren doch nicht die Gewandung und die Rituale, sondern das, was in den Köpfen stattfand. Der Mensch kann sich ändern, und die Umstände ändern ihn. Die Umstände nach dem Krieg in der sowjetischen Besatzungszone waren antifaschistisch-demokratisch. Die fünf Prinzipien, die die Siegermächte in Potsdam fixiert hatten, die »5 D«, lauteten bekanntlich: Denazifizierung (= Entnazifizierung), Demilitarisierung (= Entmilitarisierung), Demokratisierung, Demontage und Dezentralisierung. Daran hielt man sich in der Ostzone. Unter dem Schutz und dem Einfluss der Besatzungsmacht entwickelte sich eine antifaschistisch-demokratische Ordnung. Unverbesserliche oder belastete Nazis hatten keine Chance und gingen darum alsbald in die Westzonen.

Ich finde es darum lächerlich, wenn sich in der Wiedergabe von Lebensläufen ehemaliger DDR-Funktionäre heute stets ein Hinweis auf eine vermeintliche Nazi-Herkunft findet. Die politische Absicht ist durchschaubar: Das soll der Beweis für die These sein, dass es einen personellen Übergang von der einen in die andere Diktatur gegeben habe. Eine solche Kontinuität gab es allenfalls in der Bundesrepublik, wo in der Politik, der Verwaltung, der Justiz, im diplomatischen Dienst, an den Universitäten und Hochschulen, beim Militär und in den Geheimdiensten Exponenten des »Dritten Reiches« alsbald die höchsten Ämter besetzten. Ein »131er Gesetz« gab es in der DDR nie.

Sie meinen das »Gesetz zur Regelung der Rechtsverhältnisse der unter Artikel 131 des Grundgesetzes fallenden Personen«, wonach alle Staatsdiener, die im Rahmen der Entnazifizierung entlassen worden waren, nunmehr wieder eingestellt und entsprechende Bezüge auch an die Hinterbliebenen gezahlt werden mussten.

Genau. Interessant ist doch, dass gemäß Artikel 6 des sogenannten Einigungsvertrages von 1990 Artikel 131 GG in den Ländern Brandenburg, Mecklenburg-Vorpommern, Sachsen, Sachsen-Anhalt und Thüringen sowie in Ost-Berlin nicht in Kraft gesetzt wurde. Und auch das Gesetz von 1951 (G 131) wurde nach Artikel 8 des Einigungsvertrages vom Inkrafttreten in den sogenannten neuen Ländern ausgenommen. Da schwang wohl unausgesprochen die Erkenntnis mit, dass es in der nunmehr untergegangenen DDR kein solches Personal gab, welches man hätte rehabilieren müssen. Warum wohl! Und, dass man in dieser Hinsicht eine ziemlich miese Vergangenheit hatte. Das, was wir immer sagten und was in der BRD Zeit der Existenz der DDR als Propaganda abgetan wurde, wird nun in Studien scheibchenweise offenbart.

26 Bundesminister und ein Bundeskanzler waren NSDAP-Mitglieder oder gehörten schwer belasteten Nazi-Organisationen an. Und: Bis zum 31. März 1955 waren 77,4 Prozent der Stellen im Verteidigungsministerium sogenannte 131er, im Vertriebenenministerium waren es 71 Prozent, beim Wirtschaftsministerium 68,3 Prozent und beim Presse- und Informationsamt 58,1 Prozent. Ob diese »Reintegration« von ehemaligem Nazi-Personal ein wirksamer Beitrag zur Demokratisierung der westdeutschen Gesellschaft war, ist mehr als zu bezweifeln. Diese Leute mussten sich doch nicht ändern, es war doch die gleiche kapitalistische Gesellschaft wie vordem. Dieser berühmt-berüchtigte Satz des einstigen Nazi-Marinerichters und NSDAP-Mitgliedes Filbinger, der noch im Mai 1945 Todesurteile vollstrecken ließ, ist unsäglich wie erhellend: »Was damals Rechtens war, kann heute nicht Unrecht sein!« Das erklärte er 1978, da war er seit zwölf Jahren Ministerpräsident des Landes Baden-Württemberg. Und sieben Mal war er gewählter Vertreter für die Bundesversammlung, sieben Mal wählte Filbinger den Bundespräsidenten, zuletzt 2004, was insofern perfide war, als er dadurch verhinderte, dass der 89-jährige Hans Lauter aus Leipzig Ältester des Bundesversammlung wurde. Hans Lauter war 1936 von Volksgerichtshof, also von Filbingers Kollegen, als Kommunist zu zehn Jahren Zuchthaus verurteilt worden. Allein in dieser Personalie fast 60 Jahre nach dem Ende der Nazi-Diktatur zeigten sich die gegensätzlichen Haltungen zur Vergangenheit.

Student Großmann, Technische Hochschule Dresden, 1949

Vom Bau zur Hochschule

Im September 1945 öffneten vermutlich auch in Pirna wieder die Schulen.

Ja, allerdings nicht für mich. Ich verspürte wenig Lust auf die Schulbank. Im Sommer hatte ich in Oberebenheit beim Bauern gearbeitet, was für den Lebensunterhalt existenziell war. Der Bauer zahlte mir den größten Teil des Lohns in Naturalien. Das motivierte stärker als alles andere. Anfang 1946 kam Vater aus sowjetischer Kriegsgefangenschaft und begann, wieder in seiner alten Firma, einem Baubetrieb, zu arbeiten. Angesichts der zerstörten Städte schien mir das ein Gewerbe mit Zukunft zu sein, es gab viel zu tun. Also ging ich mit ihm in den Betrieb und erklärte, Maurer werden zu wollen. Die nahmen mich sofort und fragten nicht nach Zeugnissen und Schulabschluss. Ältere, erfahrene Maurer nahmen mich unter ihre Fittiche und brachten mir das Einmaleins des Bauens inklusive aller Kniffe des Gewerbes bei. Das fiel bei mir auf fruchtbaren Boden, weil mir Handwerkliches im wahrsten Sinne des Wortes gut von der Hand ging. Und was ich in der Berufsschule lernte, konnte ich schnell praktisch umsetzen. Wäre das gegangen, wenn ich noch Jahre fürs Abitur hätte büffeln müssen?

Und die Arbeit auf dem Bau befriedigte?
Nicht ausreichend. Deshalb ja auch das »frohe Jugend-
leben« in der FDJ. Dort verkehrten nicht nur Gleichalt-
rige, sondern auch Gleichgesinnte. Wir waren Teil der
allgemeinen Aufbruchstimmung, wollten Neues schaffen, uns verwirklichen, wie man heute sagt. Wir haben
beispielsweise Weihnachtsgeschenke gebastelt, die wir
Eltern von Umsiedlerkindern gaben, die alles verloren
hatten. Erst sehr viel später kamen die politischen Schulungen, zunächst beschäftigten wir uns mit Kunst und
Literatur. Wir studierten Programme ein, sangen und
rezitierten Gedichte für unsere Eltern. Bevor wir unsere
Programme im Dorfgasthof aufführen durften, mussten
wir die Texte bei der sowjetischen Kommandantur in
Pirna vorlegen. Dort gab's einen Kulturoffizier, der hervorragend Deutsch sprach und sich in der deutschen
Literatur sehr gut auskannte. Er empfahl uns dieses und
jenes, was wir lesen oder womit wir uns beschäftigen
sollten. Nur einmal gab es mit ihm Ärger.

Warum das?
Aus einem Programm strich er uns das Volkslied »Die
Gedanken sind frei«. Er sagte nur: »Das gibt es nicht.«
Meinte er damit, dass es das Lied nicht für uns gäbe,
oder wollte er damit sagen, dass sich auch das Denken
stets in vorgegebenen Bahnen bewegte, also nicht unabhängig und frei sei? Sah er darin gar einen subversi-
ven Angriff auf die Besatzungsmacht? Aber wir fragten
nicht nach, dieser Offizier verkörperte die Macht im
zerstörten Land und damit war sein Wort Gesetz. Und
wir sangen das Lied nicht.

War er ein Dogmatiker, einer, für den alle Deutschen un-
verändert Faschisten waren oder zumindest noch immer
wie solche dachten?
Nein, das war er gewiss nicht. Er behandelte uns immer
freundlich und nahezu kameradschaftlich. Einmal half
er uns auch aus einer brenzligen Situation. Bei einem
Tanzabend im Gasthof Cunnersdorf tauchten zwei sowjetische Soldaten auf einem Motorrad auf. Die hatten
nicht nur ihre Waffen dabei, sondern auch mächtig einen in der Krone. Wir fanden das nicht so lustig, als sie
zu stänkern und zu provozieren begannen. Ich wählte
die Nummer des Kulturoffiziers, die dieser mir gegeben
hatte für den Fall, dass wir mal Hilfe benötigten. Es
dauerte nicht lange, bis eine Militärstreife erschien und
die beiden mitnahm.

Nun blieben Sie nicht lange Mauer, wie aus Ihrem Le-
benslauf hervorgeht. Sie meldeten sich an der Vorstudien-
anstalt der Technischen Hochschule Dresden, noch bevor
die Lehre beendet war. Woher dieser plötzliche Gesin-
nungswandel?
Er kam nicht plötzlich, sondern reifte langsam. Statt
Maurer wollte ich nun Bauingenieur werden, wenn
nicht gar Architekt. Meine Eltern bestärkten mich in
diesem Wunsch – sie hatten mich schließlich damals
auf dem Gymnasium angemeldet. Und überraschende
Schützenhilfe erhielt ich von der Chefin des Bauunter-
nehmens, das mich als Lehrling ausbildete. Das war
eine junge Frau, mit der ich mich gut verstand. Sie er-
mutigte mich, in Dresden meine Bewerbung abzuge-
ben. Dort stellte ich mich einer Prüfungskommission,

die ich von meiner Eignung überzeugen konnte. Ich wurde für ein zweijähriges Studium immatrikuliert. Ich hätte auch versuchen können, die Hochschulreife binnen eines Jahres zu erwerben, doch das traute ich mir nicht zu.

Meine Eltern erfüllte die Nachricht, dass ich von der Vorstudienanstalt aufgenommen worden war, mit Freude und Stolz. Vater nahm sie allerdings bereits auf dem Krankenbett entgegen – er starb mit 44 Jahren, an Magenkrebs.

Aus der Vorstudienanstalt wurde 1949 die Arbeiter- und Bauernfakultät, was vielleicht eine treffendere Bezeichnung ist. Dort wurden junge Leute aus einfachen Verhältnissen, die unter anderen gesellschaftlichen Umständen nie das Abitur hätten machen können, auf das Hochschulstudium vorbereitet. Das nannte man damals »Brechen des Bildungsprivilegs«.

Was es ja auch war. Unter kapitalistischen Bedingungen hätte ich allenfalls als Maurer Karriere gemacht.

Was war das für eine Klasse, der Sie sich 1948 zugesellt hatten?

Mehrheitlich kamen die Kursanten, wie man uns nannte, aus proletarischen Kreisen wie ich. Auch waren Söhne und Töchter von Kleinbauern darunter. Und einige ehemalige Wehrmachtangehörige, denen man ein »Notabitur« verpasst hatte, damit sie in den Krieg ziehen konnten. Das wurde aber zu Recht nicht anerkannt, weshalb diese Menschen die Schule nachholen mussten.

Und die Lehrer?

Das waren qualifizierte Pädagogen, die während der Zeit des Faschismus als Lehrer tätig waren, allerdings ohne Faschisten gewesen zu sein. Viele von ihnen hatten eine hohe fachliche Kompetenz. In Erinnerung ist mir vor allem die Mathematiklehrerin geblieben. Frau Dr. Weinert war eine Pädagogin alter Schule und Mitglied der Liberaldemokratischen Partei. Ich war ihr nicht ganz geheuer, weil ich als junger Kommunist und FDJ-Funktionär mit meiner Meinung nicht hinterm Berg hielt. Diplomatie oder gar Taktieren war meine Sache nicht. Sie fand mich, wie man heute sagt, gewöhnungsbedürftig. Ich tat mich schwer mit Formeln und Zahlen, weshalb ich oft von ihr kritisiert wurde. Aber als Kursleiterin respektierte sie Forderungen der FDJ an der Vorstudienanstalt, deren Sprecher ich war, und sie half dabei, diese an der Schule durchzusetzen. Frau Weinert handelte nach der Devise »Fordern und Fördern«. Das hat mich geprägt, indem ich mir diese Haltung zu eigen machte.

Ich fuhr täglich mit der Bahn zu den Lehrveranstaltungen in Dresden und kehrte abends wieder nach Cunnersdorf zurück. Mich begleitete dabei Brigitte, sie lernte Industriekaufmann. Brigittes Familie war im Februar 1945 in Dresden ausgebombt worden und notgedrungen aufs Land gezogen. Wir lernten uns in der Cunnersdorfer FDJ-Gruppe kennen. Wir verlobten uns im September 1949, ein Jahr später wurde geheiratet. Damals ließ man sich nicht so viel Zeit wie heute. Die Bereitschaft, sich zu binden, war seinerzeit ohnehin stärker ausgeprägt. Obgleich wir nur standesamtlich heirateten, galt für unsere Beziehung der Spruch, der bei kirchlichen Trauungen gebraucht wird: »… bis dass der Tod euch scheidet«. Brigitte starb 2016, wir waren also fast siebzig Jahre zusammen.

Im Sommer 1949 Abitur und damit reif für die Hochschule. Ich nahm an, Sie würden, wie noch Jahre zuvor von Ihnen angestrebt, ein Bauingenieursstudium beginnen. Insofern bin ich überrascht, dass Sie plötzlich Lehrer werden wollten. Wie kam denn diese jähe Wende zustande?

So spontan war das nicht. Zum einen hatte ich schon seit geraumer Zeit bemerkt, dass es mir Freude und Genugtuung bereitete, vor Gruppen zu agieren. In Cunnersdorf bei der FDJ war das so, an der Vorstudienanstalt ebenfalls, wo ich auf Lehrerkonferenzen die Meinung von etwa zwei Dutzend Kursanten vertrat. In kontroversen Diskussionen meine Position zu artikulieren und mich zu behaupten stärkte natürlich das Selbstbewusstsein. Vor allem in den Debatten mit den durchaus strengen Lehrern. Andererseits warb die Partei auch bei uns für den Lehrernachwuchs. »So einen jungen Genossen wie dich brauchen wir«, sagten sie. »Die notwendige Entnazifizierung des Lehrkörpers hat Lücken gerissen, die müssen wir nun rasch schließen.« Das verstand ich. So kamen denn diese beiden Dinge zusammen: die gewachsene Neigung, Menschen zu leiten, und die gesellschaftliche Notwendigkeit, Menschen für die neue Zeit auszubilden. An unserer Schule hielten Funktionäre und Hochschullehrer Vorträge, in denen sie für den Lehrerberuf warben. Sie machten uns klar, wie wichtig die Erziehung der Jugend für die neue Gesellschaft sei. Ich fand die Vorstellung großartig, Pädagogik zu studieren. Natürlich wollte ich Berufsschullehrer für Bauberufe werden, denn da kannte ich mich aus. Meine Bewerbung an der Technischen Hochschule wurde positiv beschieden.

Lehrerstudium an der Technischen Hochschule?
Doch, doch. Die Technische Bildungsanstalt in Dresden existierte seit 1828, sie wurde 1890 Technische Hochschule, an der übrigens damals bereits an die zehn Prozent Ausländer studierten. Die Nazis hatten nach dem Machtantritt viele jüdische Lehrkräfte hinausgeworfen, darunter den Romanisten Victor Klemperer, der nach dem Krieg weltberühmt wurde mit seinen Tagebüchern und den Untersuchungen der Sprache des »Dritten Reiches«. Und sie trennten das Pädagogische Institut von der TH ab. Die Sowjetische Militäradministration sorgte dafür, dass 1946 die TH den Lehrbetrieb wieder aufnehmen konnte, nachdem die meisten NSDAP-Mitglieder aus dem Lehrkörper und der Verwaltung entlassen worden waren. Und: Sie veranlasste die Bildung von drei neuen Fakultäten, darunter der Pädagogischen Fakultät, bei der ich mich nun einschrieb. Ich ahnte ja nicht, dass ich nur vier Semester dort studieren würde.

Weil Sie es sich anders überlegt hatten?
Keineswegs. Es gab dafür andere Gründe. Ich vertrat den Bereich Berufspädagogik in der FDJ-Hochschulleitung. Durch diese Tätigkeit kam ich auch in intensiven Kontakt mit Prof. Hermann Ley. Ley war noch keine 40,

war wiederholt von den Nazis inhaftiert worden und hatte insgesamt 45 Monate hinter Gittern verbracht. 1945 war er aus dem Leipziger Polizeigefängnis geflohen. Nach dem Krieg hatte er Philosophie studiert und promoviert, seit 1950 war er an der TH Professor und lehrte Dialektischen und Historischen Materialismus. Der Mann hatte Charisma und klare Positionen. Die SPD schloss ihn wegen seiner Solidarität mit Sowjetrussland aus, die KPD nahm ihn 1930 auf. Akademische Abgehobenheit war ihm völlig fremd – wir jungen Studenten nannten ihn nur beim Vornamen. Er war unser Vorbild. So wie er wollten wir alle werden: präzise in der Analyse, klug, gebildet, warmherzig im Umgang, bescheiden.

Er war vermutlich nicht ganz unschuldig daran, dass man mich fragte, ob ich zwei Semester pausieren wolle, um als Hauptamtlicher in der Hochschulleitung der FDJ zu arbeiten. Man musste mich nicht agitieren: Ich machte es. Und wurde auf diese Weise – was mir allerdings erst später gesagt worden ist – der überhaupt erste bezahlte FDJ-Funktionär im Hochschulbereich der gesamten DDR. Zwei Semester Funktionärstätigkeit, danach Fortsetzung des Studiums – kein Problem.

Und außerdem, da bin ich ganz ehrlich, gab es 600 Mark Gehalt. Das war mehr als dreimal so viel wie mein Stipendium. Ja, ich weiß, selbst das unterschied sich von der Bundesrepublik, wo man bis vor kurzem als Student noch Studiengebühren entrichten musste – Studenten in der DDR bekamen dafür Geld, dass sie studierten. Ich erwähne die Geldfrage nicht deshalb, weil ich darauf so scharf gewesen bin, sondern wir waren bereits

Werner Großmann (rechts) mit Kommilitonen

zu dritt und wohnten bei meiner Schwiegermutter in Pirna. Sie war ein herzensguter, lieber Mensch, doch Brigitte und ich wollten unsere eigenen vier Wände. Das war nun möglich. Wir bezogen eine kleine Zweizimmerwohnung in Dresden.

Dieser Prozess der Abnabelung ist meist mit seelischen Schmerzen verbunden. Auch bei Ihnen?
Natürlich. Meine und Brigittes Mutter waren verwitwet. Mein Vater war, wie schon erwähnt, an Krebs verstorben, ihr Vater hatte eine Lungenentzündung nicht überlebt. Wir waren jeweils die einzigen Kinder. Insofern empfanden wir eine moralische Verantwortung. Ich fand es bemerkenswert, wie souverän die beiden Frauen

reagierten. Dresden sei ja nicht aus der Welt, sagten sie, und wir müssten lernen, auf eigenen Füßen zu stehen. Das erleichterte unseren Auszug. Und die Verbindung blieb eng und innig. In den Ferien waren unsere Kinder immer bei den Omas an der Elbe, wovon sie heute noch sprechen.

Was machte damals ein hauptamtlicher FDJ-Sekretär an der Hochschule?
Zunächst Mitglieder gewinnen. Die meisten Kommilitonen waren apolitisch und wollten nur rasch ihr Studium absolvieren. Wir wollten sie aber für gesellschaftliche Fragen aufschließen, sie bewegen, sich beim Aufbau des Landes zu engagieren, auch mit körperlichem Einsatz. Es musste ihnen begreiflich gemacht werden, dass der neue Staat für sein Bildungsangebot auch Gegenleistungen erwarten konnte. Das Studium war keine Dienstleistung, die man gratis mitnahm, sondern auch eine Einladung zum Mittun. Loyalität allein genügte nicht. Wir leisteten intensive politische Aufklärung. Die Grenze war offen, und wer wollte, konnte sich via Westberlin in die Bundesrepublik absetzen, wo man auf qualifizierte Hochschulkader aus dem Osten wartete, sie sogar zielgerichtet abwarb. Darüber wird heute kaum noch gesprochen: Für den wirtschaftlichen Aufschwung der Bundesrepublik, das sogenannte Wirtschaftswunder, sorgten auch die Republikflüchtlinge. Als dann 1961 die Grenzen geschlossen wurden und der Zufluss an Fachpersonal aus der DDR ausblieb, holten sie sich »Gastarbeiter« aus dem Süden Europas sowie aus Marokko, Südkorea und Tunesien.

Die Dresdner Abordnung zu den III. Weltfestspielen der Jugend und Studenten in Berlin, Großmann Zweiter von links, 1951

Um Mitglieder für die FDJ zu gewinnen, genügte es natürlich nicht nur zu agitieren. Wir mussten auch interessante, attraktive Freizeitangebote machen, emotionale Höhepunkte im bescheidenen Leben offerieren. In jener Zeit, als ich im Jugendverband hauptamtlich arbeitete, waren das etwa die III. Weltfestspiele der Jugend und Studenten im August 1951 in Berlin. Auch für die FDJler von der TH war das ein unvergessenes Erlebnis.

Die Mühen der Ebene waren gewiss trister.
Trist vielleicht nicht, aber nervenaufreibend. Wir bemühten uns um qualifizierte Referenten, die mitunter von weither kamen – und dann hockten nur wenige

Interessierte im Hörsaal. Das war für den Veranstalter peinlich und für den Gast ärgerlich. Aber man konnte niemanden zwingen, sich einen politischen Vortrag anzuhören. Hermann Ley half mir sehr bei der Entwicklung von Programmen, lieferte Anregungen und Ideen. Und zu meiner Tätigkeit gehörte es, mit Prof. Kurt Ernst Koloc zu sprechen, dem Rektor der TH zwischen 1949 und 1953. Dabei ging es vornehmlich um soziale Belange: ums Mensa-Essen, Wohnheim- und Bibliotheksplätze, Versammlungs- und Freizeitmöglichkeiten. Er war ein verständnisvoller, aufgeschlossener Gesprächspartner, auch wenn er mir oft sagen musste: »Geht nicht!« Fünf Jahre nach dem Krieg war Dresden zu großen Teilen noch immer kaputt, es fehlte an allem. Wenn ich dann zu den Mitstudenten zurückkehrte und ihnen das Ergebnis solcher im Resultat unbefriedigenden Gespräche mitteilte, fühlte ich mich mitunter ziemlich miserabel. Wer überbringt schon gern schlechte Nachrichten?

Es gab allerdings auch andere Akademiker, die nicht so kooperativ und offen waren wie Ley und Koloc. Ich erinnere mich etwa an Prof. Alfred Recknagel. Nach ihm wurde ein Gebäude der Technischen Universität Dresden benannt. Von 1934 bis 1945 arbeitete Recknagel als Physiker im Berliner AEG-Forschungsinstitut, dann war er als Physiker bei Carl Zeiss in Jena tätig, ehe er 1948 nach Dresden an die Hochschule kam. Als Wissenschaftler war er eine Koryphäe, als Mensch unnahbar, streng und überkorrekt. Jeder fürchtete, von ihm examiniert zu werden. Die Studentenvertretung nahm er zur Kenntnis, aber nicht ernst. Wir »rächten«

Bei einer Veranstaltung während der Weltfestspiele der Jugend und Studenten in Berlin, 1951. Werner Großmann mit Zigarette

uns, indem wir bei seinen Vorlesungen nicht, wie sonst seit Jahrhunderten üblich, mit den Handknöcheln aufs Pult klopften, sondern wie im Theater applaudierten. Das war albern und sorgte nicht nur für Unmut bei den Dozenten und Professoren. Manchmal schrieben wir eben Revolution mit drei R.

Ferner störte mich die Zuständigkeit des Zentralrats der FDJ für unsere Organisationen an der Hochschule. Der Zentralrat arbeitete in Berlin, was heutzutage keine Distanz ist. Die war es auch damals nicht, nur: Der Zugverkehr war eingeschränkt, das zweite Gleis war im Rahmen der Reparationen demontiert worden und für die Straße fehlten Fahrzeuge und Treibstoff. Es war also ziemlich beschwerlich, in die Hauptstadt zu kommen. Und wenn die Anleitung oder Schulung unbefriedigend war, verfluchte man den Termin erst recht. Ich erinnere mich eines Referats von Kurt Hager, der, keine 40, im Vorjahr ordentlicher Professor für Philosophie an der Humboldt-Universität geworden war und soeben als Kandidat des ZK auch die höheren politischen Weihen empfangen hatte. Das, was er sagte, war sehr abstrakt und hatte wenig mit meiner politischen Wirklichkeit in Dresden zu tun. Meinem Nachbarn, der aus Leipzig kam, erging es ebenso. »Wovon redet der?«, fragten wir uns. Wieder daheim, nahm ich Kontakt mit der sächsischen Landesleitung der FDJ auf. »Freunde«, sagte ich, »das muss nicht sein, auf solche Einladungen kann ich verzichten«. Da lächelten sie nur und erklärten, nicht für mich und die FDJ an der TH zuständig zu sein. Das sei der Zentralrat in Berlin. Zugegeben, es schwangen darin auch die traditionellen Ressentiments zwischen Sachsen und Preußen mit, Dresden war in dieser Hinsicht immer etwas eigen.

Ich zählte am Ende die Tage bis zum Ablauf meiner Komandirowka in den Apparat der FDJ, um danach das letzte Jahr meines Studiums zu absolvieren. Doch dann kam alles ganz anders.

Das Ministerium für Staatssicherheit, das MfS, klopfte bei Ihnen an.

Nein, oder doch ja. Der Mann, der um ein Gespräch mit mir gebeten hatte, wurde mir als ein Vertreter des ZK der SED avisiert. Wie sich zeigte, kam dieser Helmut Hartwig aus Berlin, aber er kam nicht vom Zentralkomitee der Partei, sondern vom Außenpolitischen Nachrichtendienst, APN. Helmut Hartwig leitete dort die Abteilung VI und suchte Kader.

Das alles verriet mir der Genosse Hartwig jedoch nicht. Stattdessen fragte er mich, ob ich nach dem Ende meiner Arbeit als FDJ-Sekretär, also Anfang 1952, bereit wäre, nach Berlin zu gehen, um dort »eine Schule« zu besuchen. Was das für eine Einrichtung war und zu welchem Zweck ich sie besuchen sollte, verriet er nicht. Das lag alles im konspirativen Nebel. Nur so viel: Es ginge um die Vorbereitung auf eine leitende Funktion in der Partei oder im Staatsdienst. Ich reagierte skeptisch und zurückhaltend. Allerdings reizte die Aussicht, nach Berlin zu kommen, durchaus. Als junger Mensch war man neugierig und suchte die Herausforderung. Ob ich denn nicht wenigstens mein Studium beenden könne, warf ich ein. Diese zwei Semester … Hartwig zeigte sich in keiner Weise kompromissbereit. Entweder sofort oder gar nicht, sagte er, wobei ich heute meine, dass er absichtsvoll diese Drohkulisse aufgebaut hatte.

War es nicht auch albern, mit dieser Legende aufzufahren? Hätte man nicht sagen können: Genosse, ich komme vom Nachrichtendienst der DDR, wir sind dabei, die Truppe aufzubauen, und brauchen motivierte junge Leute, da haben wir auch an dich gedacht?

Nun ja, diese Geheimniskrämerei begleitete uns bis zum Ende des Dienstes, und ich bin unverändert der Auffassung, dass es mitunter des Guten ein wenig zu viel war. Aber im Prinzip würde ich Hartwigs Herangehen verteidigen. Es war Kalter Krieg und die Grenze offen. Was, wenn ich anschließend abgehauen wäre und drüben erzählt hätte: Also beim Auslandsnachrichtendienst der DDR ist ein Helmut Hartwig beschäftigt, der akquiriert den Nachwuchs, und der sieht so und so aus? Als Agent wäre der »verbrannt«. Also hielten sich die Genossen in der Phase der Anwerbung bedeckt.

Ich beriet mich also mit Hermann Ley. Und auch wenn er nichts dazu sagte, auch später nicht, so habe ich bis heute den Verdacht, dass er mich »getippt« hatte, das heißt, dass er Berlin auf mich aufmerksam gemacht hatte. Er war mir zu schnell dafür, dass ich das Angebot annehmen sollte. Und Zweifel räumte er aus. »Du schaffst das schon«, erklärte er apodiktisch. Womit er nicht nur den Wechsel meinte, sondern auch den Abschluss des Studiums. Die sechs Prüfungen solle ich schon jetzt, nicht erst in einem Jahr machen.

Die Entscheidung traf letztlich Brigitte, meine Frau. Sie würde die Hauptlast tragen müssen, denn wir erwarteten zum zweiten Mal Nachwuchs.

Am 1. April 1952 stieg ich also in den Zug nach Berlin, um mich vereinbarungsgemäß im Zentralkomitee der Partei zu melden. Das saß damals im »Haus der Einheit« an der Ecke Prenzlauer Allee, Lothringer Straße. Kann sein, dass sie bereits Wilhelm-Pieck-Straße hieß, das weiß ich nicht mehr so genau. 1994 wurde sie jedenfalls in Torstraße umbenannt. Sie wieder nach Lothringen zu benennen, hat man sich wohl nicht getraut: Bekanntlich waren nach dem Sieg Preußens über Frankreich und die Pariser Kommune 1871 die meisten Straßen im Viertel zwischen Schönhauser und Prenzlauer Tor nach französischen Orten und Gegenden benannt worden.

Sitz des ZK der SED, vormals Kaufhaus Jonaß, 1951

Ich weiß. Das »Haus der Einheit« war mal das erste
Kreditkaufhaus Berlins, das Kaufhaus Jonaß. Die Na-
zis enteigneten die jüdischen Besitzer und setzten dort
die Führung der Hitlerjugend hinein, was die sowjetische
Besatzungsmacht wiederum zur Enteignung veranlasste.
Das Haus wurde dem Zentralausschuss der SPD überge-

Vormals jüdisches Taubstummen-Altersheim, nach dem Krieg sowjetische Botschaft, später Schule des Außenpolitischen Nachrichtendienstes in Pankow, 1952

ben, und als die Partei sich im April 1946 mit der KPD vereinte, zog das ZK der SED ein. 1959 wechselte die Parteiführung in die ehemalige Reichsbank am Werderschen Markt und machte dem Institut für Marxismus-Leninismus und dem Parteiarchiv Platz. Seit 2007 sitzt dort ein exklusiver Club, SOHO …

Ich meldete mich an der Wache, dann führte man mich in ein Zimmer. Dort saß ein streng dreinblickender Genosse, der mich fragte, ob ich auch alles bei mir habe, was gefordert worden war. Ja, natürlich hatte ich mein Parteidokument und den Personalausweis dabei. Die Papiere nahm er mir ab. Wie auch meinen Namen. Ich hieß ab sofort Werner Olldorf. Ich wurde dazu vergattert, fortan nur noch diesen Namen zu benutzen und niemandem meine wahre Identität zu offenbaren. Danach setzte man mich in ein Auto, das mich nach Pankow in die Tschaikowskistraße 13 fuhr. Darin hatte bis vor kurzem die sowjetische Botschaft gearbeitet. Errichtet worden war das Haus 1912 als jüdisches Taubstummen-Altersheim. Solche Details erfuhr ich natürlich erst später.

Dass es sich nunmehr um die Schule des Außenpolitischen Nachrichtendienstes handelte, wusste ich so wenig, wie mir die Tatsache bekannt war, dass die DDR überhaupt einen Auslandsnachrichtendienst besaß. Ich wusste nichts, absolut nichts.

Machte Sie diese Konspiration nicht misstrauisch und nervös? War das nicht ärgerlich, Sie so im Ungewissen zu lassen?

Ich sagte doch schon, dass mir im Nachgang vieles verständlich erschien. Man wird ja erst misstrauisch, wenn man den Eindruck hat, vorsätzlich getäuscht zu werden. Dieses Gefühl hatte ich nun ganz und gar nicht. Alles war neu und ungewöhnlich, spannend und abenteuerlich. Die Konspiration – die uns erst später bewusst wurde und dann in Fleisch und Blut überging – war nicht Selbstzweck, sondern Selbstschutz. Noch während des Lehrgangs, kurz vor Ostern 1953, setzte sich Gotthold Krauss in den Westen ab, er lief über, wie das in der Fachsprache heißt. Er war Angehöriger des APN und »sang« beim Klassengegner, worauf etliche unserer Aufklärer in der Bundesrepublik verhaftet wurden. Wir wechselten in Berlin die Quartiere. Solche Betriebsunfälle forcierten die konspirativen Sicherungsmaßnahmen und trugen wohl auch dazu bei, dass nach dem 17. Juni 1953 und dem von der Parteiführung unterstellten Versagen des MfS der APN in diese Einrichtung eingebunden wurde und das MfS den Status eines Ministeriums verlor. Erst Ende 1955 wurde aus dem Staatssekretariat im Innenmisterium wieder das Ministerium für Staatssicherheit und wir wurden zur Hauptverwaltung Aufklärung (HVA).

Zurück nach Pankow im April 1952: Ich wurde in mein Internatszimmer eingewiesen und traf dort auf Günther Herschel, den ich von der TH Dresden kannte. Ich freute mich, ihn zu sehen. »Mensch, Günther, du hier ...« Er legte sofort den Zeigefinger auf die Lippen. Ich hatte wenigstens meinen Vornamen behalten dürfen, bei ihm war selbst der Vorname der Konspiration zum Opfer gefallen.

Wie lautete sein Deckname?

Weiß ich nicht mehr. Ich weiß nur noch, dass Günther später in der Abteilung VIII der HVA arbeitete, die für die Bereitstellung der operativen Technik und die Sicherstellung des Funkverkehrs mit unseren Kundschaftern zuständig war. 1989 war er Oberst und einer der Stellvertretenden Leiter dieser Abteilung.

Wir bezogen gemeinsam mit einem Dritten ein Zimmer im Haus gegenüber, das war das Wohnheim der Schule.

Aber merkwürdig war das Ganze schon, wie mit Ihnen umgegangen wurde. Oder?

Natürlich, aber man muss auch die Zeit sehen. Später kehrte dann Normalität ein. Die künftigen Mitarbeiter hätten sich das dann wohl auch nicht mehr gefallen lassen, ich jedenfalls nicht. Damals jedoch beherrschte uns Neugier, alles im Land roch nach Aufbruch, und wir wollten mit dabei sein. Nehmen Sie es mir nicht übel, wenn ich auf unseren Altersunterschied verweise, womit ich sagen will: Als Sie in Ihr Berufsleben eintraten, war alles geordnet und etabliert. Damals war ich 20, der Staat zwei Jahre alt. Die alten Strukturen waren geschleift, alles stand auf Anfang. Die Gesellschaft und ihre Institutionen wurden von Grund auf neu gebaut. Das bot Chancen für jedermann und jedefrau. Ein solch unbändiges Gefühl von Freiheit – denn sich an großen Aufgaben zu beweisen, sich zu verwirklichen, Herausforderungen zu bestehen, ist Freiheit – ist nur selten einer Generation beschieden. Das war ein großes Glück. Jede revolutionäre Bewegung ist jung …

Und dann kommen die Führer und die Bewegung in die Jahre, und die nachfolgenden Generationen stellen fest, dass alle Plätze besetzt sind. Die Bewegung und ihre Führer sind ermattet, halten jedoch die Stellung, und die Nachdrängenden sind verärgert …
Das war und ist wohl ein zentrales Problem sozialistischer Bewegungen und Staaten: einen kontinuierlichen Wachwechsel zu organisieren. Die Alten kleben an ihren Stühlen – aus Sorge, ihre Nachfolger verspielten das Erbe und die schwer erkämpften Errungenschaften.
Aber um wieder auf mich und die damals gemachten Erfahrungen zurückzukommen: Ich stehe im Alter

staunend vor der Tatsache, dass ich aus meinem sächsischen Dorf herausgekommen bin. Unter anderen gesellschaftlichen Umständen wäre ich ganz gewiss nicht das geworden, was ich dann wurde. Ich empfinde es mehr denn je als ein großes Glück!

»Wir wussten nicht, wo wir uns befanden«

»Während jeweils eine kleine Gruppe den Apparat führte, die sich aus alten kommunistischen Untergrundkämpfern [...], Komintern-Agenten und Partisanen sowie aus Verfolgten des nationalsozialistischen Regimes rekrutierte, handelte es sich bei der Masse der Mitarbeiter um extrem junge Männer aus sozial unterprivilegierten Verhältnissen mit ausgesprochen niedrigem Bildungsstand«, heißt es in einer Publikation der Bundesbehörde für die Stasi-Unterlagen, BStU.

Das kann man über alle wichtigen Bereiche der jungen DDR-Administration sagen, von der Polizei über die Justiz bis hin zum Bildungswesen. Die alten deutschen Eliten, die so willfährig den Faschisten gedient hatten, wurden – anders in der Bundesrepublik – in der DDR abgelöst und auf Posten gesetzt, wo sie keinen ideologischen Schaden anrichten konnten. Das ist alles bekannt. Wie dies in der BStU und in der Aufarbeitungsindustrie gesehen wird, ist doch klar: Die antifaschistisch-demokratische Neuordnung der Gesellschaft wird negativ interpretiert, denn: Sie wurde von Kommunisten geführt. Das waren keine antifaschistischen Widerstandskämpfer, sondern »Untergrundkämpfer«. Und die doofen

Unterschichtenvertreter, »extrem junge Männer aus sozial unterprivilegierten Verhältnissen mit ausgesprochen niedrigem Bildungsstand«, folgten ihnen willig. Wollen wir uns wirklich über solch dummes, denunziatorisches Zeug unterhalten?

Nein, nicht unbedingt. Aber dass die Rekrutierung von geeigneten Kadern Probleme bereitete, ist ein offenes Geheimnis. Ich meine noch nicht einmal die Qualität, sondern die Quantität. Als 1952 die 2. Parteikonferenz der SED den Aufbau der Grundlagen des Sozialismus beschloss und in diesem Rahmen nach sowjetischem Vorbild dem Staat eine zentralistische Struktur gab, wurden aus fünf Ländern fünfzehn Bezirke. Das heißt, allein in den Verwaltungsstrukturen verdreifachte sich das Personal.

Und daneben noch die Parteistrukturen, die parallel entstanden ... Am Ende zählte allein der Parteiapparat 44 000 Mitarbeiter. Mit der Verschärfung des Kalten Krieges verlangte die Sowjetführung höhere Verteidigungsanstrengungen der DDR. Die Bundesrepublik forcierte die Westintegration und begann mit der Wiederbewaffnung, um die BRD in die NATO zu bringen. Das sollte mit den Stalin-Noten verhindert werden, die aber abgelehnt wurden: Die Westmächte einschließlich Bonn wünschten kein neutrales, einheitliches Deutschland. Mit der Konsequenz musste auch die DDR leben – also Aufbau militärischer Organe in Gestalt der Kasernierten Volkspolizei. Auch dort wurden Kader benötigt.

Die mussten nicht nur politisch überzeugt und für die Aufgaben gewonnen werden, sondern auch fachlich qua-

lifiziert sein. Und dazu waren wiederum Bildung und Ausbildung nötig. Beim Bauen nennt man das wohl »gleitende Projektierung«: Der Grundstein ist gelegt, der Charakter des Gebäudes festgelegt, aber wie die nachfolgenden Schritte aussehen werden, wird erst im Prozess des Bauens entschieden.

So kann man es nennen. Letztlich wurden die meisten Entscheidungen in der DDR – einschließlich der Gründung und Entwicklung des Auslandsnachrichtendienstes – durch die äußeren Umstände diktiert. Wir lebten nicht auf einer einsamen Insel. Wir waren objektiv eingebunden in internationale Prozesse – obgleich wir doch vom Westen ausgegrenzt, isoliert und boykottiert wurden. Sie wollten uns weghaben und bekämpften uns darum vom ersten Tage an. Ein »Wettbewerb« der Systeme fand nicht statt, die »friedliche Koexistenz« musste erst erzwungen werden und war es, aufs Ganze betrachtet, doch nie. Die Auseinandersetzung wurde mit allen Mitteln unverändert fortgesetzt.

Wenn ich die frühen 50er Jahre betrachte, wurden sehr viele junge Menschen »aus sozial unterprivilegierten Verhältnissen« zur Hochschulreife geführt und konnten danach auch noch studieren.

Noch einmal: Das geschah erstens, weil das traditionelle Bildungsprivileg der besseren und bürgerlichen Schichten schon aus Prinzip beendet wurde. Es ist doch ein Irrglaube zu meinen, dass die Kinder der heute beschönigend als »bildungsferne Schichten« Bezeichneten vom Wunsch befallen sind, ungebildet zu bleiben. Ihre Eltern sind schlicht nicht in der Lage, eine lange Aus-

Werner Großmann an seinem Schreibtisch, 2016

bildung zu finanzieren. Im Kapitalismus ist das eben so, da muss jeder selber sehen, wo er bleibt. Wer hier, in der DDR, studierte, erhielt Geld vom Staat. Und wenn er dabei gut und erfolgreich war, erhielt er obendrein ein Leistungsstipendium.

Und zweitens: Der rohstoffarmen DDR war von Anfang an bewusst, dass die wichtigste Ressource des Landes ein gebildetes, qualifiziertes Staatsvolk ist. Der alte Grundsatz der deutschen Arbeiterbewegung »Wissen ist Macht« sollte nunmehr systematisch und flächendeckend in die Tat umgesetzt werden.

Mitte der 50er Jahre, so weiß ich aus Lebensläufen und diversen Darstellungen, standen dem Auslandsnachrich-

tendienst respektive dem Ministerium für Staatssicherheit, zu dem die HVA gehörte, die ersten Hochschulkader zur Verfügung.

Richtig. Sukzessive kamen qualifizierte Juristen, Psychologen, Mathematiker, Ingenieure und Techniker, die zum Beispiel unsere wissenschaftlich-technische Aufklärung aufbauten. Es kamen Diplomjournalisten, Historiker, Regionalwissenschaftler, die sich in der Sprache, Kultur und Geschichte etwa des arabischen Raums oder Skandinaviens bestens auskannten.

Sie absolvierten die Schule des Auslandsnachrichtendienstes in Pankow. Das war weder eine Hoch- noch eine Fachschule. Was wurde da gelehrt? Handwerkliches?

Da hätten wir ja gleich bemerkt, wo wir uns befanden. Nein, wir hörten Vorträge und eigneten uns im Selbststudium Wissen aus der Geschichte der Arbeiterbewegung an, aus der Philosophie, der Ökonomie. Erst nach einem halben Jahr schenkte uns Richard Stahlmann reinen Wein ein. Der ehemalige Spanienkämpfer Stahlmann amtierte als Leiter des Auslandsnachrichtendienstes, formal lag die politische Federführung bei Anton Ackermann in seiner Funktion als Staatssekretär im Außenministerium, zudem war Ackermann Kandidat des Politbüros. Die Leitung sollte 1953 an Markus Wolf übergehen, Stahlmann blieb bis zu seinem Ruhestand 1960 sein Stellvertreter.

Richard Stahlmann sagte uns, dass wir gerade die Schule des Außenpolitischen Nachrichtendienstes durchliefen. Dieser lapidaren Feststellung folgte kein Kommentar, keine Erläuterung. Der Satz provozierte unter uns wilde Diskussionen: Werden wir etwa Auslandskorrespondenten für eine Zeitung oder für den Rundfunk? In unserer Naivität und Unwissenheit waren »Nachrichten« ausschließlich an journalistische Medien gebunden. Doch als wir die ersten Vorlesungen über geheimdienstliche Theorie und Praxis hörten, ging uns ein Licht auf.

Wer waren die Lehrer?

Aus unserer Sicht – wir waren um die 20 – handelte es sich ausnahmslos um »alte Genossen«. Das war eine Frage der Perspektive.

Der Leiter der Einrichtung, Bruno Haid, einst Kämpfer in der französischen Résistance, war erst 40, sein Stellvertreter, ein blinder Philosoph namens Hans Olschewski, kaum älter. Stahlmann war um die 60, stimmt, aber Robert Korb – ebenfalls Spanienkämpfer, in Moskau Mitarbeiter der Presseabteilung der Komintern und des Deutschen Volkssenders – war Anfang 50 und Herbert Hentschke Anfang 30.

Der Emigrant Hentschke war nach NKWD-Haft 1937/38 und Besuch der Komintern-Schule mit dem Fallschirm hinter der Front abgesprungen, um mit den Partisanen in Belorussland gegen die deutschen Okkupanten zu kämpfen. Wir bewunderten ihn wegen seiner Partisanen-Vergangenheit, schauten zu ihm auf, obgleich er gerade einmal zehn Jahre älter war als wir. Doch von der eigentlichen nachrichtendienstlichen Tätigkeit hatte er so wenig Ahnung wie wir. Mir kam es manchmal so vor, als würde ein Hufschmied uns in die Kunst des Goldschmiedehandwerks einführen. Die psychologische Seite der Geheimdienstarbeit war dieser Generation ein Buch mit sieben Siegeln.

Ich erinnere mich, dass Herbert uns erklären wollte, wie man ein Kontaktgespräch inhaltlich vorbereitet und die Zielperson anspricht. Ein Zweiter sollte das Haus, in welchem das Gespräch erfolgte, beobachten und bewachen. Das war unsinnig, und dieses Vorgehen gründete auch nicht auf Erfahrungen, sondern auf Hentschkes Fantasie. Bei anderen gestandenen Genossen war das ähnlich. Wir hörten uns das diszipliniert an und dachten uns unseren Teil.

Aber Sie und die anderen Kursanten oder Schüler waren doch unerfahren. Wieso meinten Sie, dass manches wirklichkeitsfremd war, was Ihnen die Lehrer erzählten?

Doch nicht am Anfang. Da war alles neu für uns und alles Ah und Oh. Hinzu kam der Respekt vor den »alten« Genossen, die praktische Erfahrungen im Klassenkampf vorweisen konnten. Und es war und ist ein offenes Geheimnis, dass das Leben immer noch die beste Schule ist. Oder wie Marx es abstrakt in der Auseinandersetzung mit Feuerbach formuliert hatte: Die Praxis ist das Kriterium der Wahrheit.

Wir sammelten also unsere eigenen Erfahrungen und lernten das Handwerk im Selbstversuch. Learning by doing sagt man heute dazu.

Aber es war Ihnen schon bewusst, dass Sie als künftiger Offizier der Aufklärung des MfS ausgebildet wurden?

Nein, keineswegs. Der APN unterstand dem Außenministerium, Staatssekretär Anton Ackermann war unser

Vorstellung eines Buches über Anton Ackermann mit Markus Wolf (Mitte), dem ehemaligen Résistance-Kämpfer Ernst Melis (vorn) und dem Historiker Fritz Klein, 8. Dezember 2005

Chef. Die Zusammenhänge und Aufgaben erfuhren wir erstmals von Gustav Szinda, Spanienkämpfer und Partisan in der Ukraine, Angehöriger der sowjetischen Militäraufklärung und später Leiter der Abteilung Sicherheitsfragen im ZK der SED. Inzwischen leitete er die Gegenspionage im APN, also die Abwehr. Szinda redete Klartext. Ob er auch die Details nannte oder ich diese erst später erfuhr, weiß ich nicht mehr. Im Sommer des Vorjahres, im August 1951, war mit Hilfe der sowjetischen Auslandsaufklärung eine vergleichbare Einrichtung in der DDR entstanden. Nach außen firmierte sie als »Institut für Wirtschaftswissenschaftliche

Forschung« (IWF). Heute behaupten die »Aufarbeiter«, der APN sei erst seit 1953 nachweisbar. Aus »rentenpolitischen Erwägungen« sei von Mitarbeitern der HVA bewusst die »Fehlinformation« verbreitet worden, der APN habe bereits seit 1951 bestanden. Das ist falsch. Ich habe seit April 1952 an einem Jahreslehrgang teilgenommen – dem ersten seiner Art an dieser Einrichtung, welche etwa nach der Hälfte des Kurses von Richard Stahlmann – einem der Mitbegründer des IWF – uns gegenüber als Schule des Außenpolitischen Nachrichtendienstes der DDR bezeichnet worden war. Darum ist es unstrittig, ob es 1952 einen APN schon gab oder noch nicht: Er existierte.

Szindas Besuch bei uns in Pankow diente wohl auch der Vorbereitung auf die sowjetischen Aufklärer, die als Berater in unser Leben traten. Sie verfügten, im Unterschied zu unseren deutschen Lehrern, nicht nur über praktische Erfahrungen in der nachrichtendienstlichen Arbeit, sondern waren in dieser Hinsicht auch auf dem Laufenden. Die neuen Erfahrungen hatten sie vornehmlich in Österreich gesammelt, was seit seiner Befreiung 1945 – wie Deutschland – in vier Besatzungszonen aufgeteilt worden war. Jedoch war das Land offenbar zu klein und strategisch zu unbedeutend für den Westen, weshalb es keine vergleichbaren Anstrengungen für die Bildung eines Separatstaates gab. Bekanntlich verpflichtete sich Österreich 1955 in einem Staatsvertrag zu immerwährender Neutralität. Daraufhin zogen die Besatzungsmächte ab.

Das war noch Zukunftsmusik, als wir in Pankow 1952/53 an der Aufklärer-Schule lernten. Die sowjetischen Genossen hatten in Österreich gelernt, was sie nun an uns weitergaben.

Sowjetische Berater fanden sich in allen Einrichtungen der DDR und im Parteiapparat, selbst an den Sitzungen des Politbüros nahmen sie teil. Als Stalin starb, veranlasste Generalsekretär Walter Ulbricht, dass zumindest im Politbüro die deutschen Genossen fortan unter sich blieben. Die Freunde waren ja nicht nur Berater, sondern auch Vormund und Kontrolleur. Das blieb im Prinzip bis in die 80er Jahre so. Ich erinnere mich, dass der höchste Diplomat der UdSSR in der DDR, Pjotr Abrassimow, nicht zu Unrecht den Beinamen »Regierender Botschafter« trug. Wie stark war der Einfluss der sowjetischen Berater bei Ihnen an der Schule und danach?

Anfänglich war er sehr groß, sie haben faktisch den gesamten Dienstablauf bestimmt. Was wir auch akzeptierten: Sie hatten nachweislich größere Erfahrungen. Und letztlich führten ihre Anleitung und Ausbildung zu einer konstruktiven Zusammenarbeit. Dadurch wurde die HVA zu einem der effektivsten und erfolgreichsten Auslandsnachrichtendienste der Welt. Das steht für mich an erster Stelle. Die gelegentlich oberlehrerhaften Auftritte oder mangelndes Einfühlungsvermögen nervten, aber waren zu verkraften. Die Sowjets bemühten sich um Verständnis der deutschen Gewohnheiten, aber kamen dabei so wenig aus ihrer Haut wie wir aus der unseren. Zum Beispiel gab es nicht wenige Dinge, die aus unserer Sicht unnütz und albern waren. So nähten sie ihre Akten zusammen, wir waren es gewohnt, diese zu lochen und in einem Ordner abzuheften. Nein, sie nähten und verlangten es auch von uns, zu Nadel und Faden zu greifen. Es kann sein, dass sie auf diese Weise verhindern wollten, dass einzelne Blätter entfernt, also gestohlen werden konnten. Ich glaube eher, dass diese Praxis von der zaristischen Ochrana herrührte, die offenbar keine Locher und Aktenordner gekannt hatte. Eine andere logische Erklärung habe ich nicht.

Uns war das alles mehr als lästig. Als sie uns nicht mehr auf die Finger schauten, landeten unsere Akten als Loseblattsammlung in den Panzerschränken, und wir glaubten, auf diese Weise unser Gedächtnis zu trainieren.

Das war dann aber schon nach der Schule. Ich will noch einmal auf Ihre und auf die Motivation Ihrer Mitschüler zurückkommen. Sie erfuhren erst nach der Hälfte des Lehrgangs, wo Sie sich befanden. Fielen da nicht manche aus allen Wolken und strichen die Segel? Ich kann mir nicht vorstellen, dass jeder begeistert war, als ihm eröffnet wurde, er werde zum Geheimdienstler, zum Agenten ausgebildet.

Genau so war es. Ende des Jahres haben wir heftig miteinander diskutiert, und mancher sagte, dass er sich das nicht zutraue.

Könnte es nicht sein, dass das nur vorgeschützt war? Dass es ganz andere Gründe gab, die jene zögern ließen, Geheimdienstler für die DDR zu werden?

Natürlich kann ich das nicht mit hundertprozentiger Sicherheit ausschließen. Aber ich meine schon, dass die meisten, die uns vor Lehrgangsende verließen, über-

Martha und Arno Großmann, die Eltern. Sie heirateten 1934, als ihr Sohn, Werner Großmann, fünf Jahre alt war

Mit Ehefrau Brigitte, Mutter (links) und Schwiegermutter

zeugte Genossen waren und nur deshalb vor einer solchen Tätigkeit zurückschreckten, weil sie glaubten, ihr nicht gewachsen zu sein – ohne genau zu wissen, was da auf sie zukommen würde. Vielleicht lag es auch an den nebulösen Vorstellungen, die sich mit dem Berufsbild »Geheimdienstler« verbanden.

Vage war in der Tat das, was Ihnen bis dato über Ihre künftigen Aufgaben mitgeteilt worden war.
Ja, und das wurde wohl langsam auch unseren Vorgesetzten klar. Ende des Jahres wurden die ersten persönlichen Aussprachen mit uns geführt, Kadergespräche, wie man dazu sagte. Daran nahmen in der Regel der Schulleiter und Genossen aus dem Zentralkomitee teil.

Die erste Wohnung in Berlin in der Lincolnstraße. Die Straße in Friedrichsfelde hieß bis 1951 Fürst-Hohenlohe-Straße und wurde von der DDR nach dem US-Präsidenten umbenannt

An meinem Gespräch waren Herbert Hentschke und Robert Korb als der neue Schulleiter beteiligt.

Wo war Bruno Haid abgeblieben?
Der war eines Tages einfach weg, gerüchteweise hieß es, es hätten Zweifel an seiner kaderpolitischen Zuverlässigkeit bestanden.
Das sagte man auch bei anderen, die uns verließen. Möglicherweise, was ich mir aber erst später zusammenreimte, stand dieser Wechsel an der Spitze der Schule in einem Zusammenhang mit Anschuldigungen

gegen führende Genossen, die in der Westemigration waren. Franz Dahlem, Paul Merker und andere hielt man, nicht zuletzt auf Drängen Moskaus, vor, sie hätten in der Emigration eine unzulässige Nähe zu Noël H. Field und US-Hilfsorganisationen gepflegt.

Wie ging das Kadergespräch aus?
Der APN hatte in der Republik keine Strukturen, also kam als Einsatzort nur Berlin infrage. Und die Option, als Perspektivagent in die Bundesrepublik zu gehen, stand auch nicht: Ich hatte schließlich Familie.
Ich sollte also diese nach Berlin nachholen, weil ich in der Hauptstadt arbeiten würde. Was Genaueres sagte man mir nicht, weil man es vermutlich selbst nicht wusste. Anfang 1953 erhielt ich eine Wohnungszuweisung. Zweieinhalb Zimmer in einem Haus in Friedrichsfelde, das nach dem Krieg nur notdürftig hergerichtet worden war. Ich greife vor: Die Freude über das gemeinsame Quartier überdeckte die Mängel, die unsere Bleibe aufwies.
Der Umzug erfolgte mit der Bahn und dauerte mehrere Tage, und ich selbst konnte nicht helfen, denn wegen Stalins Tod war eine Ausgangssperre verhängt worden. Markus Wolf hielt die Trauerrede. Lange nach meinem Geburtstag am 9. März konnte mich meine Frau erstmals in unserer Wohnung begrüßen. Meinen Aufenthaltsort in Berlin durfte ich ihr noch immer nicht nennen. Eigentlich änderte sich nichts, nur konnte ich nun öfter nach Hause. Aber 22 Uhr musste ich wieder im Internat sein, und am Wochenende bekam ich »Heimaturlaub«.

Umzug mit der Bahn?

Ja. Ein Möbelwagen nach Berlin bei offener Grenze war suspekt. Mancher Transporter landete statt in Lichtenberg in Lichtenrade. Außerdem hatten wir in Dresden nicht allzu viel, was hätte befördert werden müssen. Das Schlafzimmer hatten wir gebraucht von meiner Schwiegermutter übernommen, ein wenig Küchenmobiliar, eine Couch und zwei Sessel. Unseren ersten Wohnzimmerschrank erhielten wir von Horst Jänicke, der seit 1952 beim APN war und nunmehr die Abteilung Militärspionage leitete. Er war nach der Schule mein erster Vorgesetzer, und 1986, als ich Chef der HVA wurde, wurde Horst mein 1. Stellvertreter und Generalleutnant. Wir waren bis zu seinem Tod 2006 befreundet. Marianne und Horst Jänicke bekamen keine Kinder, waren aber sehr kinderlieb und unseren sehr zugeneigt.

Spielten Sympathien und Freundschaften im Dienst eine Rolle?

Sie meinen, ob sich private Verbindungen nützlich machten, dass also eine Art Nepotismus in der HVA und im MfS herrschte? Nicht, soweit ich es überschaute. Für mich kam Vetternwirtschaft überhaupt nicht infrage.

Ihr Dienstantritt erfolgte wann und wo?

Am 1. Oktober 1953. In der Klosterstraße, Ecke Rolandufer, in Berlin-Mitte. Wie ich im Laufe der Zeit erfuhr, arbeiteten dort rund vierzig Mitarbeiter des APN im hinteren Teil des Gebäudes. Durch ein großes Hoftor, den Hintereingang, gelangte man in die Büros. Die lei-

Mit Markus Wolf (links) und Horst Jänicke, achtziger Jahre

tenden Kader – vom 30-jährigen Markus Wolf einmal
abgesehen, den ich als Lektor an der Schule in Pankow
kennengelernt hatte – waren alle älter als ich, die Mitarbeiter in der Regel in meinem Alter, also Mitte 20.
Wir waren jung und tatendurstig. Die Chefs kamen aus
der Emigration, hatten als Offiziere in den Internationalen Brigaden in Spanien oder als Partisanen gekämpft,
waren überzeugte Kommunisten durch die Bank, vertraut mit der Illegalität und den dort geltenden Regeln.
Ehemalige Nazis waren nicht darunter.
Gemeinsam sollten und wollten wir einen funktionsfä-
higen, effektiven Auslandsnachrichtendienst aufbauen,
in gegnerische Dienststellen eindringen und Informationen gewinnen, um die Deutsche Demokratische

Republik vor äußeren Angriffen zu schützen. Unser Ziel war die Prävention.

Ein Mangel an Motiven bestand nicht, wohl aber an Mobiliar und Materialien. Jeder von uns erhielt einen Schreibtisch, einen Stuhl und einen Stift. Dann gab es noch einen Stahlschrank im Zimmer. Mehr nicht.

Mein erster Auftrag: Einrichtungen der Briten in ihrem Sektor in Westberlin aufklären, das hieß fortan: operativ bearbeiten. Das tat ich.

Aber auch die Recherchen im Osten der Stadt erwiesen sich als nicht einfach. Ich besaß weder einen Dienstausweis noch überhaupt ein Papier, mit dem ich mich hätte legitimieren können. An der Schule hatten wir weder gelernt, konspirativ zu ermitteln, noch konnten uns die sowjetischen Berater helfen.

Revolutionäre Wachsamkeit allenthalben

Sie erwähnten vorhin, dass Horst Jänicke Ihr erster Vorgesetzer war.

Ja. Er leitete die Abteilung IV (Westalliierte). Dort arbeiteten auch Werner Steinführer und Gerhard Peyerl, mit denen ich in Pankow die Schule besucht hatte, und zwei ehemalige FDJ-Funktionäre: Werner Prosetzky und Heinz Lerche.

Wenn ich die Geschichte richtig kenne, war Ihr erstes Berufsjahr im Dienst nicht gerade einfach. Der Verrat von Gotthold Krauss vor Ostern 1953, der 17. Juni, die Umwandlung des MfS in ein Staatssekretariat für Staatssicherheit (SfS), womit der Außenpolitische Nachrichtendienst zur Hauptabteilung XV wurde …

Zu den Kuriositäten des Anfangs gehörte, dass ich meinen ersten Dienstausweis erst 1954 erhielt. Aus diesem erfuhr ich, dass ich Oberleutnant im Staatssekretariat für Staatssicherheit war. Womit ich sagen will: Das, was heute in den Geschichtsbüchern über jene Vorgänge steht – unabhängig vom Wahrheitsgehalt – war uns als Beteiligte kaum bekannt. Erst später erhielten wir davon Kenntnis, und das auch nur in dem Maße, wie man meinte, es uns mitteilen zu müssen. Denn das war nun mal das A und O der Konspiration: Jeder sollte nur so viel wissen, wie er zur Erfüllung seiner Aufgaben wissen musste. Womit wir bei der »Aktion Vulkan« sind, die von den westdeutschen Behörden nach dem Verrat von Krauss ausgelöst worden war.

Auch davon erfuhr ich sehr viel später. Krauss arbeitete beim APN im Bereich der Wirtschaftsspionage und hatte etwa drei Dutzend Karteikarten als Werbegeschenk mitgenommen. Darauf waren Adressen von in der Bundesrepublik lebenden Personen verzeichnet, die ohne jede Prüfung umgehend von der BRD-Polizei verhaftet wurden. Viele hatten bis dato nie etwas mit uns zu tun gehabt. Sie waren lediglich als »interessant« notiert worden, welche man vielleicht irgendwann einmal ansprechen wollte. Mancher der auf diese Weise ins Mahlwerk des Bundesamtes für Verfassungsschutz Geratenen erfuhr eine Rufschädigung, an der er jahrelang zu tragen hatte. Günter Nollau, später Präsident des Verfassungsschutzes, räumte in seinen Erinnerungen selbstkritisch ein: »Was ein schöner Erfolg für uns hätte werden können, geriet zur Blamage.«

Und der 17. Juni 1953? Erfuhren Sie davon auch erst später?

Ihre Ironie ist nicht ganz abwegig. Natürlich bekamen wir mit, was auf den Straßen und Plätzen in Berlin geschah, und uns war durchaus bewusst, dass der legitime Protest gegen Normerhöhung und Abbau von Sozialleistungen erst dadurch politisch wurde, dass er von Westberlin aus instrumentalisiert und personell unterstützt wurde. Nach dem Ende der DDR gaben uns Beteiligte recht. Egon Bahr bekannte freimütig, dass die Amerikaner ihn vom Mikrofon des Rias, des Rundfunks im amerikanischen Sektor, wegziehen mussten, um nicht den Dritten Weltkrieg zu riskieren. Der Rias verbreitete den Aufruf, sich um 7 Uhr morgens am Strausberger Platz zu treffen. »Der Aufstand begann mit einer wirtschaftlichen Forderung nach Senkung der Normen, und er endete vor dem Haus der Ministerien mit der politischen Forderung nach freien Wahlen«, resümierte Bahr und bestätigte damit den Beitrag des Westens an diesem Konflikt.

Aber persönlich waren wir nicht in die Vorgänge involviert, wir durften Stimmungen und Meinungen im Wohngebiet einsammeln. Dass die Führung des APN kopf- und ratlos wirkte, wurde allein schon daran deutlich, dass zunächst die Schule aufgelöst bzw. der Lehrgang beendet werden sollte. Dann wurde er auf unbestimmte Zeit verlängert, wir aber für sechs Wochen in den Urlaub kommandiert. Darüber waren wir nicht unfroh, aber wir hatten nichts, wovon wir leben konnten. Als wir unsere Vorgesetzten darauf ansprachen, zeigten sie sich verblüfft, weil wir von unseren 390 Mark, die wir monatlich bekamen, nichts beiseitegelegt und gespart hatten. Auch daran sah man, dass der Apparat noch nicht aufgebaut war und kein Ansprechpartner für soziale Belange existierte. Ich beschwerte mich nach meiner Rückkehr bei Gerhard Heidenreich, dem Stellvertreter von Markus Wolf. Der war völlig perplex: Die Chefs hatten ihren monatlichen Lohn erhalten und meinten, dass es allen so ergangen sei.

Wie wurde reagiert?

Wir erhielten unser Stipendium nachgezahlt, und ab Oktober 1953 bekam ich ein Gehalt von etwa 800 Mark, was für damalige Verhältnisse nicht gerade wenig war. Das Geld wurde in bar ausgezahlt, und wir erhielten die Schwerarbeiterkarte, denn bis Ende der 50er Jahre waren die Lebensmittel in der DDR rationiert.

Ich will aber noch einmal auf die – am Ende befristete – Umwandlung des Ministeriums in ein Staatssekretariat für Staatssicherheit zurückkommen. In den einschlägigen Darstellungen wird diese Umstrukturierung in den Kontext des 17. Juni gestellt. Die Parteiführung setzte Minister Wilhelm Zaisser ab, er – der hochgerühmte Spanienkämpfer »General Gomez« – habe nicht nur als Leiter versagt, sondern eine parteifeindliche fraktionelle Tätigkeit ausgeübt, lautete die Vorhaltung. Zaisser wurde aus dem Politbüro, aus dem ZK und schließlich aus der Partei ausgeschlossen. Nach meiner heutigen Überzeugung hatte, entgegen der offiziösen Begründung, die Umstrukturierung nichts mit dem 17. Juni zu tun. Die Führung der DDR folgte darin – ob freiwillig oder gezwungen, vermag ich nicht zu beurteilen – dem sowjetischen Muster. Der sowjetische Innenminister Berija, zuständig auch für das Ministerium für Staatssicherheit, hatte sich nach Stalins Tod im März 1953 Hoffnungen gemacht, diesen zu beerben. Am 26. Juni wurde er jedoch verhaftet und erschossen. Das von ihm geführte Doppelministerium wurde nunmehr geteilt und aus dem Ministerium das Komitee für Staatssicherheit beim Ministerrat der UdSSR (KGB) gebildet.

Verglichen mit der Organisation Gehlen, aus der bald der Bundesnachrichtendienst entstand, waren die Räumlichkeiten und Arbeitsbedingungen der DDR-Auslandsaufklärung sehr bescheiden. Die Gehlen-Leute saßen auf 68 Hektar in Pullach bei München in der vormaligen Reichssiedlung »Rudolf Heß«.

Ich möchte mich mit diesem Dienst, der mehr als nur eine unsägliche Vergangenheit hat, nicht vergleichen. In keiner Weise. Wir fingen wirklich bei null an. 1954 verzogen wir von der Innenstadt an die Peripherie. Unsere Abteilung bezog in Karolinenhof am Langen See eine Villa, weitere Abteilungen kamen an anderen Stellen unter. Es wurde dezentralisiert. Der Vorzug der neuen Arbeitsstätte – die Abgeschiedenheit – war zugleich ihr Nachteil: Es verlängerte sich nicht nur der Dienstweg, sondern auch die Dienstzeit. Wir sechs Mann, die wir ursprünglich waren, mussten das Objekt gemeinsam mit zwei Wachleuten rund um die Uhr bewachen.

Sie erwähnten eingangs, dass Sie Englisch in der Schule gelernt hatten und darin besser waren als etwa in Mathematik oder Latein. Profitierten Sie jetzt davon?

Leider überhaupt nicht! Mit Engländern hatte ich nämlich nichts zu tun. Vielmehr versuchten wir, Deutsche, die in britischen Einrichtungen arbeiteten, für uns zu gewinnen. Und Originaldokumente, die ich hätte lesen müssen, bekam ich zu Anfang auch nicht in die Hand. Ich kontaktierte zwei Personen, die im »demokratischen Sektor«, wie wir unsere Hauptstadt damals nannten, lebten. Sie standen bei der britischen Besatzungsmacht in Lohn und Brot. Der Mann war bereit, uns zu unterstützen, unsere Zusammenarbeit ging über mehrere Jahre. Die Frau hingegen sprang bald wieder ab.

Wo haben Sie sich mit Ihren Quellen getroffen? In West-berlin?
Um Himmels willen, nein. Das war uns streng verboten. Wir durften den sowjetischen Sektor und die DDR nicht verlassen. Das setzte erhöhte Aufmerksamkeit voraus, wenn man mit der S-Bahn unterwegs war – die hielt sich nicht an Sektorengrenzen. Von Treptow aus landete man, wenn man nicht aufpasste, statt in Plänterwald in Neukölln. Wenn ich von Mitte nach Adlershof fuhr, stand ich vorsichtshalber bereits ab Ostkreuz an der Tür, um ja nicht den Umstieg zu verpassen.

War die Angst vor den eigenen Leuten größer als die vor dem Gegner?
Ich glaube nicht, dass allein die Angst vor den Konsequenzen uns zu übergroßer Aufmerksamkeit zwang, wobei ich damit nicht sagen will, dass wir uns nicht vor Fehlern und deren Folgen gefürchtet hätten. Doch der entscheidende Grund für die Wachsamkeit war das Wissen, dass wir es mit einem gnadenlosen, grausamen Gegner zu tun hatten. Der war doch nicht nur eingebildet, sondern real, und schreckte selbst vor »nassen Sachen« nicht zurück, was das Synonym für Mord war. Vor allem jedoch versuchten sie uns aufzuklären, in unsere Strukturen einzudringen. Die Geheimdienstarbeit war Teil der Strategie des Westens, den Sozialismus »zurückzurollen«. Nach dem Krieg wollten die USA zunächst die Ausbreitung des »Kommunismus«

eindämmen, dann ging man zum »Rollback« über. Jeder von uns wusste, schließlich gab es bereits Vorfälle dieser Art, dass man nicht mit einem blauen Auge davonkäme, wenn man einem westlichen Geheimdienst in die Finger geriete.

Dennoch muss ich hier präzisieren: Uns beherrschten nicht Angst und Furcht. Mit einer solchen Grundstimmung kann man nicht ordentlich arbeiten, egal, was man tut. Angst blockiert, mindert das Selbstbewusstsein, erhöht die Unsicherheit. Unser Hauptmotiv bestand darin, die DDR vor Angriffen von außen zu schützen, indem wir die Stellen aufklärten, aus denen diese Angriffe kommen würden. Und dabei durften wir uns nicht selbst gefährden.

Die Gefahr, in die falsche Bahn zu steigen, konnte man reduzieren, indem man mit dem Auto fuhr …
Wir erhielten irgendwann auch Dienstwagen, was jedoch ein neues Problem aufwarf. Ich war Mitte 20 und fuhr mit einem F 9, ein Zweitakter aus Zwickau mit 20 PS, in Lichtenberg vor. Das war insofern etwas Besonderes, als zu jener Zeit kaum Pkw unterwegs waren. Über uns im Haus wohnten ältere Genossen, Antifaschisten, die im KZ gesessen hatten. Sie wussten nicht, wo ich arbeitete, fanden es jedoch reichlich merkwürdig, dass so ein junger Kerl wie ich ein Auto besaß. Es gehörte mir nicht, ich fuhr es nur. Aber machte das in ihren Augen einen Unterschied? Als sie dann auch noch mitbekamen, dass ich eine Schwerarbeiterkarte bezog, ohne – offenbar – hart in einer Fabrik zu schuften, läuteten bei ihnen die Alarmglocken. Sie vermu-

teten, ich würde auf Kosten der Allgemeinheit leben, und gaben den Verdacht weiter. Eines Tages standen zwei Polizisten vor unserer Tür und erkundigten sich bei meiner Frau, was ich denn beruflich so mache, worauf sie wahrheitsgemäß erklärte, ich arbeite im Innenministerium wie die Fragesteller. Damit war das Thema erledigt.

Empfanden Sie die Meldung der Obermieter nicht als anstößig?
Ach, die reagierten doch nicht aus Sozialneid oder niederen Instinkten. Es gab nicht wenige Ostberliner, die in den Westsektoren arbeiteten und das dort bezogene Gehalt in einer der unzähligen Wechselstuben zu aberwitzigem Kurs – weshalb wir ihn »Schwindelkurs« nannten – umtauschten, wodurch sie ein Realeinkommen hatten, das weit über den in der DDR gezahlten Gehältern lag. Angesichts unserer niedrigen Lebenshaltungskosten einschließlich Mieten erlaubte das ihnen ein recht gutes Leben, was das Gerechtigkeitsempfinden vieler Menschen verletzte. Das erklärt übrigens auch, weshalb viele Ostberliner es begrüßten, als damit am 13. August 1961 Schluss war.
Die Genossen über uns hatten vermutet, ich sei so ein Grenzgänger, und meinten, die Organe sollten mal der Sache auf den Grund gehen.

In der Militärspionage

Sie beschäftigten sich also mit den Briten?
Nur kurze Zeit. Ich erhielt dann den Auftrag meiner
Vorgesetzten, mich mit dem »Amt Blank« zu beschäftigen. Das bestand seit Oktober 1950 und hieß vollstän-
dig und irreführend »Dienststelle des Bevollmächtigten
des Bundeskanzlers für die mit der Vermehrung der alliierten Truppen zusammenhängenden Fragen«. Denn
es ging nicht um die »Vermehrung« der Alliierten, sondern um die Aufstellung deutscher Truppen, kurz: um
die Wiederbewaffnung und die Aufrüstung.
Dagegen formierte sich nicht nur in der Bundesrepublik Widerstand. Auch wir hatten immenses Interesse
daran, dass es keine Bundeswehr gab. Denn es war
doch klar, wer deren erster Gegner sein würde: wir, die
DDR. Das ganze propagandistische Gedöns im Westen, man müsse sich vor der »Gefahr aus dem Osten«
schützen, war doch reine Demagogie. Die DDR verfügte
über keine Streitkräfte, und die Sowjetunion als Besatzungsmacht hatte zwar Truppen auf unserem Territorium stehen (wie eben auch Einheiten der Amerikaner,
Briten und Franzosen in Westdeutschland stationiert
waren). Doch Moskau hatte nicht die Absicht, bis zum
Rhein zu marschieren. Die Sowjetunion räumte noch
die Trümmer des letzten Krieges. Die unterstellten

Aggressionsabsichten waren Lügen, um die Bewaffnung zu begründen. Der neue Feind war der alte, gegen den sie bis 1945 gekämpft hatten. Die tradierten antikommunistischen, antislawischen Ressentiments waren in großen Teilen der westdeutschen Gesellschaft unverändert vorhanden, sie wurden geschickt bedient. Diese Reflexe funktionieren noch immer.

Theodor Blank wurde nach Bildung der Bundeswehr 1955 Bundesverteidigungsminister ...
Soweit war es ja noch nicht. Ich musste erst einmal ein Referat aufbauen, das sich mit diesem Gegenstand beschäftigte.

Und fuhren erst einmal nach Bonn, um die Sache vor Ort zu erkunden.
Ob Sie mir glauben oder nicht: Ich habe die Bundesrepublik im Oktober 1990 zum ersten Mal betreten, nämlich als ich nach meiner Verhaftung mit dem Hubschrauber nach Karlsruhe geflogen wurde. Vorher kein einziges Mal.

Aber im Westen waren Sie schon?
Ende 1954 und im Sommer 1955 war ich in der Schweiz. Ich gehörte einer dreiköpfigen DDR-Delegation an, die in Genf am ersten Gipfeltreffen der Staats- und Regierungschefs der Sowjetunion, der USA, Großbritanniens und Frankreichs teilnahm. Die beiden deutschen Staaten waren als Beobachter zugelassen worden, wir drei – Richard Gyptner und Georg Handke vom Außenministerium und ich – wurden geschnitten

wie Aussätzige. In der Deutschlandfrage, das zentrale Thema des Gipfeltreffens, kam man nicht weiter. Die Haltung der DDR lautete, dass gesamtdeutsche Wahlen erst dann möglich seien, wenn zuvor eine »Demokratisierung und Entmilitarisierung« der Bundesrepublik erfolgt sei.

Aber um zur Ausgangsfrage zurückzukehren: Wie erfuhren wir, was in den Militärkulissen der Bundesrepublik geschah? Als ich den Auftrag erhielt, machte ich mir zunächst Gedanken, wie wir Menschen finden würden, mit deren Hilfe wir Informationen aus den Dienststellen des Amtes Blank beschaffen könnten. Bundesbürger oder DDR-Bürger, egal. 1954 gewannen wir einen freien Journalisten aus Aschaffenburg für eine Zusammenarbeit. Der ehemalige Wehrmachtleutnant hatte Verbindungen zu Achim Oster, der die Abwehr im Amt Blank leitete. Dieser Karl-Heinz Kaerner (»Kohle«) lieferte uns Planungsunterlagen aus dem Panzerschrank von Hans Speidel. Speidel arbeitete bei den Nazis im Spionageapparat von Wilhelm Canaris, später war er Generalstabschef bei Erwin Rommel, und als Generalleutnant erlebte er das Kriegsende in einem Kloster am Bodensee. Mit diesem Rang begann er 1956 bei der Bundeswehr, zuvor war er in der Oganisation Gehlen tätig. Von 1957 bis 1963 war Speidel Oberbefehlshaber der NATO-Landstreitkräfte. Den Vorgang »Kohle« führte ich selber geraume Zeit. Das war ein wichtiger Kanal.

Meine Mitschüler in Pankow Gerhard Peyerl und Werner Steinführer, die mit im Boot saßen, gewannen eine Dresdnerin. Diese Rosalie Kunze wurde 1955 als

Werner Großmann, November 2016

»Ingrid« nach einer einjährigen Ausbildung in die Bundesrepublik geschickt. Inzwischen war die Bundeswehr gegründet und die BRD Mitglied der NATO geworden. »Ingrid« bewarb sich als Sekretärin im Bundesverteidigungsministerium und bekam eine Stelle im Führungsstab der Bundesmarine. Ihr Führungsoffizier wurde Horst Schötzki, dessen Frau Evelyn zwei Jahre später als »Zonenflüchtling« nachkam.

Schötzkis gelang es, Norbert Moser, einen Oberstleutnant der Bundesluftwaffe, und dessen Ehefrau Ruth für eine Zusammenarbeit zu gewinnen. Erfolgreich war auch die Anwerbung von Major Bruno Winzer, der als Presseoffizier der Luftwaffengruppe Süd arbeitete, und die von Peter Keller, der in der Fernschreibstelle des

Bundesverteidigungsministeriums tätig war. Alle wurden schließlich von übersiedelten Residenten geführt.

Als 1956 die Hauptabteilung XV zur Hauptverwaltung Aufklärung im Ministerium für Staatssicherheit wurde, wurden wir die Abteilung IV in der Hauptabteilung II der HV A. Oberst Otto Knye, der von der Abwehr zu uns gekommen war, leitete sie. Ich wurde sein Stellvertreter und blieb es bis zu seiner Rückkehr zur Abwehr, danach wurde ich sein Nachfolger.

Wenn ich das richtig interpretiere, betrieben Sie bis Mitte der 60er Jahre klassische Militärspionage?
Richtig! Dazu muss man wissen, dass die HV A der einzige politische Auslandsnachrichtendienst im Warschauer Pakt mit einer eigenständigen Abteilung für militärische Aufklärung war. Bei den Bündnispartnern gab es eine selbständige Militäraufklärung, in der Sowjetunion war das die GRU. In der DDR formierte sich erst später die Militärische Aufklärung der Nationalen Volksarmee, womit die DDR de facto zwei militärische Aufklärungsdienste hatte: den des MfS und den der NVA.

Was vermutlich zu einem gewissen Konkurrenzkampf zwischen den Diensten führte?
Das blieb nicht aus. Aber gewiss nicht zum Schaden unseres Landes, meine ich. Wir haben uns weder gegenseitig die Quellen abgejagt noch wechselseitig behindert oder gar ausgeschaltet. Der Wettbewerb zielte wohl eher darauf, wer als Erster die DDR-Führung und Moskau informierte. Allerdings gab es bis in die späten

70er Jahre mitunter Abstimmungsprobleme, weil: es gab keine Absprachen zwischen uns und der Militäraufklärung der NVA. Die Leiter der Dienste kannten sich kaum. Es gab keinen Kontakt unserer Auswertungsabteilungen, keinen Informationsaustausch oder etwa einen Austausch von Erfahrungen. Ich bin mir sicher: Jede Seite hätte von den Erfahrungen des anderen Dienstes lernen können. Schließlich besaß jeder Quellen in denselben Institutionen, etwa im Bundesverteidigungsministerium. Sie wussten natürlich nichts voneinander, aber auch in Berlin war das so. Unsere Militäraufklärung, die Abteilung IV, lieferte der Auswertung der HV A, das war die Abteilung VII, zu. Wenn wir das neben die Erkenntnisse der NVA-Aufklärung hätten legen und vergleichen können, wäre dies sehr hilfreich und nützlich gewesen. Aber das unterblieb.

Ende der 70er, Anfang der 80er Jahre besserte sich das Verhältnis der beiden Dienste langsam. Vorausgegangen war die Versetzung mehrerer Kader des MfS in die Militäraufklärung der NVA.

So etwas gab es?
Das war ein taktischer Schachzug von Minister Erich Mielke und seinem 1. Stellvertreter Bruno Beater, die sich davon einen stärkeren Einfluss auf die NVA versprachen. Die Hauptabteilung I des MfS war bereits für die NVA und damit auch für deren Aufklärung zuständig, durch die Kaderversetzung glaubte man, ihn zu erhöhen.

Allerdings führte das bei einigen zu eigenartigen Verschiebungen der Wahrnehmung. Ein stellvertretender

Abteilungsleiter aus der HA II des MfS, ich glaube, er hieß Eberhard Lehmann, wurde bei der Militäraufklärung Stellvertreter. Bei einer Begegnung mit mir sagte er lächelnd – ich denke, dass er das ernsthaft meinte –, das MfS könne seine Militäraufklärung einstellen, also den Laden dichtmachen, weil sie die Sache besser machten. Quantitativ hatte er vielleicht recht: Wir waren so um die 45 Leute, die Militäraufklärung der NVA hatte am Ende an die 1000 Mitarbeiter in mehreren Abteilungen.

Und natürlich unterschieden wir uns auch in anderer Hinsicht. Wir wurden nicht in die Vorbereitung der Sitzungen des Nationalen Verteidigungsrates der DDR einbezogen, wurden folglich auch nicht zu den Beratungen hinzugezogen. Die Militäraufklärung der NVA hingegen schon. Minister Mielke gehörte zwar dem Verteidigungsrat an und nahm stets an dessen Sitzungen teil, ergriff aber nach meinem Wissen dort kaum einmal das Wort. Er sah sich vor allem für die innere Sicherheit verantwortlich. Dabei hätte er allen Grund gehabt, über unsere Aufklärungsergebnisse zu berichten, die wir über Jahre beisteuerten. Ich erinnere an die erfolgreiche Arbeit von Lothar und Renate Lutze sowie Jürgen Wiegel, die bis 1976 aus dem Bundesverteidigungsministerium berichteten.

Wir klärten unter anderem alle geplanten Standorte für US-Raketen in der BRD im Detail auf, wir erhielten bedeutende Informationen von Ursel Lorenzen und Rainer Rupp aus dem NATO-Hauptquartier in Brüssel. Das hat Mielke nach meiner Kenntnis nie im Verteidigungsrat thematisiert.

*Dort wurden doch auch die Mittel für die Landesvertei-
digung inklusive Aufklärung verteilt.*

Wenn es um Etat-Fragen ging, schickte Mielke in der
Regel seinen 1. Stellvertreter vor. Der Minister liebte es,
im Hintergrund die Strippen zu ziehen, und was gewiss
auch bekannt war: Er akzeptierte nur eine Autorität.
Ich wurde einmal unfreiwillig Zeuge eines Telefonats
mit Ministerpräsident Willi Stoph, der in den 50er Jahren Verteidigungsminister und nach dem Tod Ulbrichts
1973 auch für drei Jahre Staatsratsvorsitzender war. Minister Mielke erörterte also mit dem Ministerpräsidenten inhaltliche Probleme, aber ich hatte nicht den Eindruck, als spräche da ein Minister mit seinem Chef. Der
Ministerrat war nicht seine Ebene, er akzeptierte nur
Erich Honecker.

*Vorhin fiel der Name Bruno Winzer. Der Überläufer war
in den 60er Jahren in der DDR sehr populär, sein Buch
»Soldat in drei Armeen« erlebte mehrere hohe Auflagen,
Winzer soll 966 Lesungen gehabt haben. Der Major der
Bundeswehr wurde in Ihrer Zeit angeworben?*

Winzer war Presseoffizier der Luftwaffengruppe Süd
der Bundeswehr, wir hielten Kontakt zu ihm über einen
Instrukteur, einen hauptamtlichen Mitarbeiter unserer
Abteilung. Der reiste regelmäßig mit falschen Papieren
und mit Legende nach Karlsruhe. Winzer lieferte interessante Erkenntnisse über Aufbau und militärische
Zielsetzungen der Bundeswehr. Eines Tages fragte er bei
uns an, ob er mit Frau und Sohn in die DDR übersiedeln dürfe. Er wolle in einem Land wie der Bundesrepublik aus politischen Gründen nicht mehr leben. Wir

stimmten zu. In den westlichen Medien wurde dann sein Übertritt in die DDR als Flucht vor seinen Gläubigern dargestellt. Als »Schulden-Bruno« wurde der bis dahin ranghöchste Offizier, der der Bundeswehr den Rücken gekehrt hatte, in der Westpresse bezeichnet. Seine auf Pressekonferenzen in Berlin vorgetragene Enthüllung von Angriffsplänen auf die DDR – bekannt als DECO I und DECO II – wurde nach Geheimdienstmanier madig gemacht: Diskreditiere die Quelle, um die Informationen unglaubwürdig zu machen. Für uns stand Winzers politische Motivation zweifelsfrei fest. Er wurde viele Jahre von Hans Fruck geführt und auch in der DDR betreut.

Hans Fruck, Spanienkämpfer, Mitglied der Widerstandsgruppe um Herbert Baum, Häftling in Brandenburg-Görden, Kriminalpolizist, dann Mitbegründer des MfS, seit 1956 als Generalmajor und bis zur Rente 1977 Stellvertreter des Chefs der HVA …
Glauben Sie, dass sich ein solcher Mann jahrelang mit einem Spieler und Hallodri, als der Winzer in den Westmedien dargestellt wurde, beschäftigt hätte?
Wobei der Vorgang Winzer in der Folgezeit auch für uns nicht einfach war. Die Frau teilte nicht seine politischen Auffassungen und kam mit dem Leben in der DDR schlecht klar, weshalb sie schon bald wieder weg war. Und auch er hatte mit uns Probleme, weil er als Pazifist alle Waffen ablehnte. Das kollidierte natürlich mit unserer Auffassung, dass sich der Sozialismus nicht entwaffnen könne, so lange uns ein nachweislich aggressives Militärbündnis gegenübersteht. Wir teilten

Winzers moralischen Standpunkt, dass Waffen und Kriege zu ächten sind, weshalb wir stets entschieden für Abrüstung eintraten, wir waren aber keine Selbstmörder. Hanne Fruck hat oft und lange darüber mit ihm diskutiert, aber Winzer vertrat ganz rigoros seine Position. Er stellte sich in der Vorweihnachtszeit vor das Centrum-Warenhaus auf dem Berliner Alexanderplatz und forderte mit einem Transparent die Kunden auf, kein Kriegsspielzeug zu kaufen. Am Ende ging es dann nicht mehr, wir ließen ihn im November 1987 ziehen. Nach dreißig Jahren in der DDR kehrte der inzwischen 75-jährige Winzer mit seiner dritten Frau in die BRD zurück.

Mit Bruno Winzer war auch der Hauptmann Adam Gliga in die DDR gekommen. Er war zehn Jahre jünger als Winzer und Ordonnanzoffizier von Luftwaffeninspekteur Josef Kammhuber.
Das erfuhr ich aus der Presse. Unser Mann war das nicht.

»An seinen Händen klebte kein Blut«

Wie weit ging die Konspiration? Wusste Ihre Familie, was Sie beruflich machten?
Als ich 1953 in den Dienst eintrat, habe ich meiner Mutter und meiner Schwiegermutter wie auch den anderen Verwandten erzählt, dass ich im Innenministerium arbeiten würde. Sie haben bis zum Schluss nicht gewusst, was ich wirklich tat. Es war uns Mitarbeitern strengstens verboten, über unsere Tätigkeit Auskunft zu geben. Das war ein klarer Befehl. Konspiration war schließlich die Grundlage unserer Tätigkeit. Es gab nur wenige sehr gute Freunde, die ich vom Studium her kannte, denen ich erzählte, womit ich beschäftigt war.

Womit sich meine Frage erübrigt, ob Sie damit Probleme hatten, unter fremder Flagge zu segeln. Es war objektiv notwendig. Ein Geheimdienstler ist nicht mehr geheim, wenn er damit angibt. Nachdem das Staatssekretariat wieder Ministerium und Staatssekretär Ernst Wollweber dessen Minister geworden war, versetzte er eine Reihe Abwehr-Offiziere zur Aufklärung. Warum das?
Um die HV A, die im wesentlichen aus jungen Mitarbeitern bestand, rasch zu einer schlagkräftigen, erfolg-

reichen Truppe zu machen. Markus Wolf nahm mich damals, das war 1956, zu einem Gespräch mit Minister Wollweber mit. Dieser alte, erfahrene Antifaschist – er hatte während der Novemberrevolution 1918 am Kieler Matrosenaufstand teilgenommen, für die KPD im Reichstag gesessen und im Spanienkrieg Waffenlieferungen organisiert – redete intensiv auf mich jungen Genossen ein und versuchte mir klarzumachen, wie wichtig unsere Arbeit sei. Dass wir intensiv arbeiten müssten, um Informationen für die junge DDR, für deren Schutz und Stärkung zu beschaffen. Es hat mich sehr beeindruckt, wie dieser erfahrene Genosse mit mir sprach, das Gespräch empfand ich als sehr angenehm. In diesem Sinne erfolgten auch die Abkommandierungen: Die Kader der Abwehr sollten den Aufklärungsdienst unterstützen und lehren, wie man als Geheimdienst und nicht nur als Nachrichtendienst arbeitet. Schließlich stand uns ein politischer und militärischer Gegner gegenüber, der mit allen Mitteln versuchte, unserer Strukturen aufzuklären und letztlich zu zerstören.

Wer kam damals zur HVA?
Zum Beispiel Alfred Scholz. Er wurde 1956 Leiter der Hauptabteilung II in der Aufklärung. Schließlich ging er zurück zur Abwehr. 1975 wurde Scholz Stellvertreter des Ministers und Generalleutnant. Oder Otto Knye, den ich bereits erwähnte. Knye war zuvor bei der Bekämpfung der terroristischen »Kampfgruppe gegen Unmenschlichkeit« (KgU) sehr erfolgreich und besaß Erfahrungen bei der Bearbeitung feindlicher Organe. Er leitete die Abteilung IV. Als er 1962 zurück zur

Markus Wolf und Werner Großmann, September 2006

Abwehr ging, wurde ich sein Nachfolger als Abteilungsleiter.

Oder Heinz Hoske. Der kam aus Magdeburg und arbeitete einige Jahre bei uns, ehe er zur Abteilung Kader/
Schulung des MfS wechselte.

Allen voran aber Hans Fruck, der als Leiter der Bezirksverwaltung Berlin zur Aufklärung kam und 1. Stellvertreter von Markus Wolf wurde. Der kleine Berliner und
der große Sachse, also ich, waren sofort ein Paar, wir
wurden Freunde. Hanne war mein Mentor. Mit jeder
Frage konnte ich zu ihm kommen und erhielt immer
eine befriedigende Antwort. Sicher war seine Für-
sprache ausschlaggebend dafür, dass ich mit 33 Jahren
Abteilungsleiter wurde.

Könnte man diese Unterstützung durch bewährte Kader der Abwehr nicht auch als Versuch verstehen, die Aufklärung fester in die Struktur des Ministeriums einzubinden? Im Ausland war ein eigenständiger Dienst nicht unüblich.

Das ist Unsinn. Wir hatten, wie die meisten Staaten des Warschauer Vertrages, das sowjetische Modell übernommen, und dort befanden sich Abwehr und Aufklärung unter einem Dach. Ob das, mit dem Wissen von heute, eine weise Entscheidung war, stelle ich dahin. Im Unterschied zu den Verbündeten war unser Dach ein Ministerium für Staatssicherheit, bei den anderen das Innenministerium. Ohne die Militärspionage, denn dafür hatten sie einen speziellen Nachrichtendienst. Die sowjetische GRU wollte darum mit der HV A nichts zu tun haben, wir waren nicht ihr Partner.

Empfanden Sie die Einbindung in die Innenministerien als gut oder schlecht?

Ich fand unsere Lösung, ein eigenständiges Ministerium für Staatssicherheit zu unterhalten, besser, weil das praktische Vorteile hatte. Nehmen wir nur die gemeinsame Registratur – dort wurden alle Personen erfasst, die wir im Fokus hatten, ob nun inoffizielle Mitarbeiter oder Zielpersonen. Wenn ich eine Person »ansprechen« wollte, füllte ich einen sogenannten Suchzettel aus und fragte an, ob dieser Mensch bereits registriert war, also »einliegt«, wie das damals hieß. Entweder war die Person erfasst oder unbekannt. War sie unbekannt, durfte ich sie »ansprechen«, lag sie ein, musste ich die angegebene Abteilung konsultieren. So wusste die rechte immer was die linke Hand bereits besorgt hatte, und es gab keine Überschneidungen.

Der erwähnte Alfred Scholz wird in den einschlägigen Werken von heute als Terrorist denunziert. »Als Chef der Arbeitsgruppe des Ministers Aufgabenbereich ›S‹ war er zuständig für Mordplanungen«, heißt es beispielsweise in der Internet-Enzyklopädie Wikipedia.

Aus meiner Sicht ist das blanker Unsinn. Ich kenne keinen in unserem Ministerium, der Morde in der Bundesrepublik geplant hat. Und niemand von jenen, die uns solches unterstellen, haben auch nur einen Mord nachweisen können. Und zwar deshalb, weil es keinen gab. Wir waren keine Terroristen.

Es gibt Gerüchte, dass nach der Flucht von Oberleutnant Werner Stiller 1979 und seinem Verrat ein Offizierskommando gebildet worden sei mit dem Ziel, ihn zu töten. Auch der BFC-Fußballer Lutz Eigendorf solle angeblich liquidiert worden sein.

Gerüchte, in der Tat. Mehr nicht. Es gab kein Offizierskommando und auch keinen Plan, Stiller umzubringen oder in die DDR zu entführen!

Der Vorwurf der Entführung von Überläufern oder unliebsamen Aktivisten der Gegenseite wurde und wird wiederholt erhoben.

Das war Praxis im Kalten Krieg auf beiden Seiten und nicht nur im geteilten Deutschland. Nach dem August 1961 war damit Schluss. Allerdings ging das Kidnapping weiter. Ich erinnere nur an die Verhaftung von Jens

Markus Wolf, von 1952 bis 1986 Chef der Auslandsaufklärung

Karney durch ein US-Greiferkommando am 22. April 1991 in der Nähe seiner Wohnung in Berlin-Friedrichshain. Weder waren deutsche Behörden informiert worden noch war dieser Akt durch internationales Recht gedeckt. Es war illegal, was da geschah, eine klassische Entführung. Die Bundesregierung protestierte nur lau. Karney, DDR-, dann Bundesbürger, wurde von einem

US-Militärgericht zu 38 Jahren verurteilt, weil er seit 1982 für uns gearbeitet hatte.

Markus Wolf wurde im Übrigen nicht für seine nachrichtendienstliche Tätigkeit angeklagt, sondern wegen einer angeblichen Entführung. Im Verantwortungsbereich von Werner Prosetzky lief 1955 ein Vorgang, in den ein IM in Westberlin eingebunden war. Dieser nahm Sprachunterricht bei einer Dolmetscherin, die bei der US-Militäradministration in Westberlin arbeitete. Unser Mann meinte, dass diese Christa Trapp uns Informationen liefern könnte und schlug ein Treffen auf unserer Seite vor. Daraus wurde ein operativer Vorgang, das schriftliche Konzept unterzeichnete Wolf als Chef. Der IM fuhr mit seinem Auto von West- nach Ostberlin, auf dem Beifahrersitz die Mittzwanzigerin Trapp. Das Gespräch fand in einer KW, in einer konspirativen Wohnung, statt und war schon nach wenigen Minuten beendet. Frau Trapp erklärte, nicht mit uns zusammenarbeiten zu wollen, erhob sich und fuhr mit der U-Bahn zurück nach Westberlin. Dort offenbarte sie sich ihrem Arbeitgeber, der US-Militärmission. Das führte dazu, dass die inzwischen seit Jahrzehnten in den USA lebende Trapp im Januar 1997 vom Oberlandesgericht Düsseldorf als Zeugin im Prozess gegen Markus Wolf geladen wurde, allerdings nicht persönlich erschien. *Der Spiegel* titelte damals ironisch »Suche nach Blut an den Händen«.

Und man fand keins?
Nein. Weil weder an Wolfs noch an den Händen anderer Mitarbeiter aus unserem Hause welches klebte.

Markus (»Mischa«) wurde dennoch zu einer zweijährigen Freiheitsstrafe wegen Freiheitsberaubung, Nötigung und Körperverletzung in vier Fällen verurteilt, welche aber zur »Bewährung« ausgesetzt wurde. Es ging um die Symbolik, nicht um das Recht.

Außenpolitik
und Auslandsaufklärung

Sie erwähnten, dass Sie Mitte der 50er Jahre zu einer dreiköpfigen DDR-Delegation gehörten, die als Beobachter an den beiden Außenministerkonferenzen in Genf teilnahm. Die Abordnung wurde von Richard Gyptner geleitet, einst Gründungsmitglied der KPD in Hamburg, Emigrant in der Sowjetunion, seit 1953 im Außenministerium tätig. 1955 war er Botschafter in der Volksrepublik China.

Diese Verbindung war ja auch der Grund, weshalb die Chinesen, die ebenfalls dort präsent waren, die Interessen der DDR vertraten. Was sie im Einzelnen taten oder gar bewirkten, entzieht sich meiner Kenntnis.

Ist aus dieser temporären Verbindung mehr geworden, etwa eine Zusammenarbeit auf nachrichtendienstlichem Gebiet?

Nein, mir ist kein Fall einer Kooperation mit dem dortigen Ministerium für Staatssicherheit und dessen Zweitem Büro (»Hauptabteilung Ausland«) bekannt. Ich kenne keinen aus der HV A, der jemals offiziell nach China gereist ist und keinen chinesischen Aufklärer, der in der DDR als offizieller Gast begrüßt worden ist. Und gegen die Volksrepublik haben wir zu keiner Zeit nachrichtendienstlich gearbeitet.

Lag dieses Nicht-Verhältnis an der Kulturrevolution in den 60er Jahren, die in der Folge bis zum Krieg gegen die Sowjetunion am Grenzfluss Ussuri und gegen Vietnam führte?

Der Bruch zwischen der Sowjetunion und der Volksrepublik China erfolgte doch bereits in den 50er Jahren, also vor der Kulturrevolution. Für dieses Zerwürfnis gab es viele Ursachen, die wesentlichste war wohl der Streit um den Führungsanspruch unter den kommunistischen und Arbeiterparteien. Moskau betonte die größeren Erfahrungen und seine Pionierrolle, Mao war der Auffassung, dass er nach jahrzehntelangem antiimperialistischem Kampf nach Stalins Tod in der globalen Bewegung dessen natürlicher Nachfolger sein müsse. Zudem kritisierte Peking den Umgang mit Stalins Erbe. Insbesondere kritisierte man den XX. Parteitag 1956 und Chruschtschows Abrechnung mit dem Generalissimus.

Die KPdSU veranlasste, dass die Bruderparteien ihrem konfrontativen Kurs zur KP Chinas folgten, was wir natürlich taten. Widerwillig zwar, weil wir keinen Grund sahen, die Jalousien herunterzulassen. Ich habe das nie verstanden und bin unverändert der Überzeugung, dass von diesem Bruderzwist die Falschen profitiert haben.

Ich erinnere mich an ein Treffen der Auslandsnachrichtendienste der sozialistischen Länder in Moskau, zu dem ich Markus Wolf begleitet habe. Es muss 1983 gewesen sein, denn Andropow, der bis 1982 anderthalb

Jahrzehnte den KGB geleitet hatte, war bereits Generalsekretär des ZK der KPdSU. Auf ihn setzten nicht nur wir große Hoffnung, dass er die unter seinem Vorgänger Breshnew eingetretene Stagnation in der Innen- und Außenpolitik überwinden würde. An einem Abend lud Andropow die Delegationsleiter zu sich. Mischa berichtete anschließend und offenbarte sein Erstaunen – was ich teilte –, dass Andropow die Chefs der verbündeten Auslandsnachrichtendienste aufgefordert habe, Informationen über Absichten und Pläne Chinas gegenüber der Sowjetunion zu beschaffen. Und das tat er im Kontext sehr umfassender kritischer Ausführungen über das unverändert angespannte Verhältnis zwischen Moskau und Peking.

Das verstand niemand. Für mich, für uns war der Hauptgegner die NATO, nicht die Volksrepublik China.

Was folgte daraus? Hat die HVA in Peking eine Residentur aufgebaut?
Ich sagte bereits: Gegen die Volksrepublik China haben wir nachrichtendienstlich nicht gearbeitet! Jedenfalls ist mit derartiges nicht bekannt.

Für Außenstehende ist es nicht verständlich, dass ein stellvertretender Chef des Auslandsnachrichtendienstes vieles nicht weiß oder wissen will, was in seinem Dienst geschah oder unterblieb.
Es war aber so. Zur Konspiration gehörte, ich wiederhole es noch einmal, dass jeder nur erfuhr, was er zur Erfüllung seiner Aufgaben wissen musste. Wenn zwei Mitarbeiter in einem Zimmer saßen, wusste der eine

nicht, was der andere auf dem Tisch hatte. Das galt bis zur Stellvertreterebene hinauf. Asien bzw. China fiel nicht in meinen Verantwortungsbereich, das waren die Bundesrepublik Deutschland und die Bundeswehr.

Es gab, das weiß ich aus der Literatur, diverse Kampagnen, die in Ihren Zuständigkeitsbereich fielen, zum Beispiel die »Masseninfiltration« der Bundeswehr in den 50er Jahren. Damit sollten Soldaten und Unteroffiziere davon abgebracht werden, den Befehlen ihrer Vorgesetzten zu folgen. Was wurde daraus?
Nichts! Wir haben uns auf diesen Blödsinn nicht eingelassen. Uns war sofort klar: Das ist ein typischer Mielke. Wir brauchten keinen Tratsch aus den Kompanieschreibstuben, sondern Informationen aus den Stäben. So haben wir diesen Befehl zur Masseninfiltration schlicht ignoriert.

Das war Befehlsverweigerung.
In gewisser Weise schon.

Kam so etwas in der HVA häufig vor?
Eigentlich nicht. Aber ich räume ein, dass Befehle mit unterschiedlichem Engagement ausgeführt wurden. Ich erinnere mich beispielsweise an die »Aktion 100«. Zwischen 1954 und 1956 sollten 100 Agenten in die Bundesrepublik übergesiedelt werden, die später als Residenten Quellen im Operationsgebiet führen sollten. Aus diesem Grunde wurden die Bezirksverwaltungen des MfS aufgefordert, geeignete Kader zu benennen. Wir würden sie dann als Republikflüchtige mit falscher Identi-

tät und mit stimmiger Legende in die Bundesrepublik schicken. »Geeignete Kader« hieß in der Regel jung, ohne Anhang, charakterlich und beruflich qualifiziert. Das war aber nur die eine Seite, die andere – und die hatte man offenkundig völlig außer Acht gelassen – war die menschliche Dimension: Die geeigneten Genossen mussten auch bereit sein, ihr früheres Leben völlig hinter sich zu lassen und ein fremdes anzunehmen. Und obendrein sich doppelt belasten – als Bundesbürger sollten sie beruflich Karriere machen und als Nachrichtendienstler einen konspirativen Zweitjob erledigen.

Gemäß »Tonnenideologie« – wie damals Ökonomen das Jonglieren mit Zahlen nannten, wobei ausschließlich quantitative Parameter eine Rolle spielten – suchte man 100 Personen im MfS, die sowohl fähig als auch bereit waren, diese Aufgabe zu übernehmen. Ich glaube, es fanden sich lediglich zehn oder fünfzehn. Befehl also nicht erfüllt.

Weil das Auswahlverfahren zu anspruchsvoll war? Oder weil man doch lieber auf Klasse statt auf Masse setzen wollte?

Richtig, und so haben wir es auch eingeschätzt. Die meisten der übergesiedelten Genossen leisteten gute Arbeit und haben wichtige Informationen geliefert. Nach meiner Erinnerung gab es nur eine Panne. Dieter Stapff aus dem Erzgebirge hatte sich in Köln gut eingelebt und einen soliden Job. Doch bei einem Betriebsausflug mit seiner Firma wurde er von einem Landsmann, der zufällig im gleichen Lokal war, als ehemaliger Mitarbeiter der Kreisdienststelle des MfS in seiner Heimatstadt

Mit Wolfgang Schwanitz, ehemals stellvertretender Minister für Staatssicherheit wie Werner Großmann, 2010

freundlich begrüßt. Stapffs Kollegen maßen dem keine Bedeutung zu, die beiläufige Begegnung blieb ohne Folgen, doch wir entschieden, ihn und seine Frau aus Sicherheitsgründen zurückzuziehen.

Am 13. August 1961 erfolgten die im Bündnis beschlossenen Grenzsicherungsmaßnahmen an der westlichen Außengrenze des Warschauer Paktes. Für die DDR bedeutete das die militärische Sicherung der Staatsgrenze West und den Mauerbau in Berlin. Nicht nur westliche Geheimdienste nutzten die bis dahin offene Grenze zwischen Ost- und Westberlin. Auch die HVA profitierte davon. Das muss doch eine mittlere Katastrophe gewesen sein?

Wir konnten nun nicht mehr mit der S-Bahn nach Westberlin fahren und in Tempelhof das Flugzeug besteigen, um in die Bundesrepublik zu fliegen, da haben Sie recht. Aber eine »Katastrophe« war es nicht, unser Verbindungssystem funktionierte weiter. Es bestand ja nicht nur aus Reisen, vieles lief über Funk. Der 13. August änderte erst einmal nichts.

Gravierend hingegen war, dass wir als Nachrichtendienst der DDR von den Maßnahmen genauso überrascht worden waren wie der Rest der Welt.

Also stimmt die Bemerkung von Markus Wolf, er habe über die Schließung der Grenze aus der Zeitung erfahren?

Ja, ganz gewiss. Er befand sich im Urlaub. Glauben Sie ernsthaft, dass der Chef der Auslandsaufklärung nicht in Berlin gewesen wäre, wenn er gewusst hätte, was da am 13. August geschehen sollte? Wir wurden, was ich unverändert für einen Fehler halte, völlig rausgehalten. Danach mussten wir die Scherben zusammenkehren und überlegen, wie die Arbeit unter den neuen Bedingungen zu organisieren ist.

Die vor Wochen oder Monaten verabredeten Treffs, hüben wie drüben, waren erst mal geplatzt, der persönliche Kontakt unterbrochen. Wir mussten unsere Funkverbindungen intensivieren, um mit unseren Leuten in Verbindung zu bleiben.

Wir hatten, im Wortsinne, neue Wege zu suchen und organisierten mit inoffiziellen Mitarbeitern eine Gruppe, die wir »Instrukteure« nannten. Das waren normale berufstätige DDR-Bürger, die für eine Woche oder zwei auf »Dienstreise« gingen, mit falschen Papieren, mit einer Legende, und sich mit unseren Quellen trafen. Solche »Instrukteure« setzten wir auch schon vor dem 13. August ein, doch wir nutzten nun diesen Verbindungsweg intensiver. Ein Problem bestand darin, dass wir sie nicht mit DDR-Papieren reisen lassen durften. Also brauchten sie einen BRD-Pass, mindestens aber Westberliner Personaldokumente.

Das zweite Problem: Die gegnerischen Dienste hatten die wenigen Grenzübergangsstellen, über die unsere IM einreisten, nicht nur im Blick, sie konzentrierten sich auch auf den von uns ausgewählten Typ des Dienstreisenden: Personen im besten Alter, keine Rentner, keine Jugendlichen, also Menschen mit hinlänglicher Berufserfahrung, mit der oft die Dienstreise legendiert wurde.

Hinzu kam das Problem der Wiedereinreise. Die bunte Warenwelt des Westens war natürlich verführerisch. Und oft sparten sich die IM das knapp bemessene Tagegeld vom Munde ab, um ihre Koffer mit Kaffee, Schokolade und anderen in der DDR raren Dingen zu füllen, womit sie sich bei Grenzkontrollen auf der anderen Seite verdächtig machten. Ganz zu schweigen von jenen, die lange Finger machten und von Kaufhausdetektiven festgesetzt worden waren. Auch das gab es.

Kurz, das nach 1961 zwangsläufig intensivierte Instrukteurs-System war nicht nur aufwändiger und somit teurer, sondern auch störanfälliger.

Vor allem kostete es mehr Zeit. Der Aufwand zur Organisierung der operativen Arbeit nahm deutlich zu. Wir bildeten zum Beispiel eine Arbeitsgruppe, die Grenzschleusen einrichtete, durch die wir unsere Leute illegal in die Bundesrepublik und wieder zurück brachten. Das war keine »Einreise«, sondern ein »Eindringen«.

Also: Man ließ einen Instrukteur durch die Grenze schlüpfen und sagte: Morgen um 23.00 Uhr bist du wieder hier, dann lass ich dich in die DDR zurück?
Es war ein wenig komplizierter, aber im Prinzip lief das genau so.

Es lief vermutlich konspirativ auch gegenüber den Grenztruppen der DDR, der Schleuser handelte gedeckt.
Das musste er.

Und wenn ihn bei der Grenzschleusung Angehörige der Grenztruppen entdeckt hätten?
Das ist nicht vorgekommen! Es gab Absprachen mit der Hauptabteilung I unseres Ministeriums, dort war eine Linie – die »Verwaltung 2000« – in den bewaffneten Organen tätig. Die Genossen, die uns an der Grenze halfen, riskierten also dabei keinesfalls Kopf und Kragen. Außerdem bildeten solche illegalen Grenzübertritte die Ausnahme. Wir verlegten uns zunehmend darauf, die Instrukteure etwa über Schweden oder Österreich ins Operationsgebiet einreisen zu lassen.

Damals gab es keine Computer, keine elektronischen Datenträger, die Übermittlung von Informationen, die meist aus Akten stammten, war nicht einfach. Ich denke etwa an Horst Hesse, der im Mai 1956 aus der Zentrale eines US-Dienstes in Würzburg zwei Tresore mit Unterlagen

stehlen und in die DDR bringen musste – das lieferte die
Vorlage für den DEFA-Film »For eyes only«.

Kein Witz: Einmal wurde ein Sack mit Akten über den Grenzzaun geworfen. Die Unterlagen stammten aus dem Bundesverteidigungsministerium auf der Bonner Hardthöhe, wo sie im Keller auf ihre Vernichtung warteten, folglich wurden sie dann auch nicht vermisst.

Üblicherweise wurden die Dokumente fotografiert und als Mikrofiches verschickt. Die Filme wurden dann in toten oder mobilen Briefkästen hinterlegt und kamen auf diese Weise zu uns.

Mobile Briefkästen?

Das waren Verstecke in den sogenannten Interzonenzügen, die zwischen der DDR und der BRD verkehrten. Da gab es eine vereinbarte Stelle, vorzugsweise in der Toilette, wo das Material deponiert wurde.

Aber vielleicht mal etwas Grundsätzliches: Natürlich war es uns sehr wichtig, Originaldokumente in die Finger zu bekommen, sie waren der materielle Beweis. Doch viel wichtiger waren die informativen Gespräche mit unseren Quellen, die – aufgrund ihrer Erfahrungen – bereits Wesentliches vom Unwesentlichen getrennt hatten und sich auf den Kern konzentrierten. Spitzenquellen wie Gabriele Gast, Günter Guillaume, Rainer Rupp oder Dieter Feuerstein kamen nicht mit einem Stapel Akten unterm Arm zum Treff, sondern hatten die wichtigen Informationen im Kopf.

Helmut Müller-Enbergs von der BStU hat herausgefunden, dass die Guillaumes lediglich 40 Informationen lieferten, so viele waren nämlich in unserer Auswertungsabteilung registriert. Das lässt jedoch keine Rückschlüsse darauf zu, was tatsächlich an Informationen geliefert worden ist. Wenn man eine Quelle an einer sensiblen Stelle installiert hat, muss man sie schützen. Und das geschah in erster Linie dadurch, dass von ihr gelieferte Informationen verschleiert und verschlüsselt wurden, damit nicht erkennbar war, woher sie stammten. Deshalb wurden die wenigsten Nachrichten, die aus der Quelle Guillaume kamen, in der Auswertungsabteilung registriert. Den weitaus größten Teil der Informationen, die wir über die SPD und aus dem Bundeskanzleramt erhielten, erfuhren wir mündlich. Ein Ehepaar, das von uns als Instrukteure eingesetzt worden war, traf sich mit den Guillaumes regelmäßig in der Bundesrepublik, in Frankreich, aber auch in der DDR und führte mit Christel und Günter Guillaume intensive Gespräche.

Was wir auf diesem Weg erfuhren, war interessanter als Gedrucktes oder Aufgeschriebenes. Vor allem half es uns, Informationen aus anderen Quellen zu bewerten. So flossen denn viele Nachrichten der beiden in unsere Einschätzungen und Berichte ein – ohne dass der Absender etikettiert worden war.

Auf diese Weise waren wir sehr gut über die Vorgänge im Bundeskanzleramt, aber auch über den Lebenswandel von Bundeskanzler Willy Brandt informiert. Der war bekanntlich kein Kind von Traurigkeit. Er konnte von Alkohol und Frauen nicht lassen. Hätten wir – was uns nach der Enttarnung Guillaums und dem Rücktritt des Bundeskanzlers unterstellt wurde – auf den Sturz von Brandt hingearbeitet, wäre es uns ein Leichtes

»Kanzleramtsspion« Günter Guillaume, achtziger Jahre

gewesen, ihn zu kompromittieren. Das aber unterblieb, und wir haben die ziemlich dicke Akte im Januar 1990 geschreddert, um nicht anderen dazu Gelegenheit zu geben, sie auszuschlachten.

Das Ehepaar Guillaume war 1956 im Auftrag des MfS nach Frankfurt am Main gegangen, vermutlich im Rahmen jener »Aktion 100«. Seit 1964 war der Offizier im

besonderen Einsatz (OibE) Günter Guillaume Mitglied
der SPD, 1969 organisierte er den Wahlkampf für den
nachmaligen Bundesverteidigungsminister Georg Leber.
Wegen des Erfolges stieg er auf ins Bundeskanzleramt,
und war von 1972 an persönlicher Referent von Bundes-
kanzler Willy Brandt. Die neue Ostpolitik der soziallibe-
ralen Koalition, von Egon Bahr als »Wandel durch Annä-
herung« konzipiert, nannte man anfänglich in der DDR
»Konterrevolution auf Filzlatschen«.
Wir machten uns keine Illusionen, dass sich mit der
Entspannungspolitik der mit Gründung der Bundesrepublik postulierte Anspruch der »Befreiung des Os-
tens« erledigt hätte. Positiv war, dass die harte Konfron-
tation gemildert und eine von uns stets gewünschte und
geforderte friedliche Koexistenz möglich schien. Dass
dies ein Wunsch blieb und nicht Realität wurde, wissen
wir nunmehr aus der Geschichte.
Trotz des Machtwechsels in Bonn 1969 blieben wir
wachsam. Unsere Aufgabe bestand darin herauszu-
finden, was die Bundesregierung plante und welche
Schritte sie international unternehmen würde. Bonn
verhandelte in Moskau und in Warschau. Wir hatten
Quellen in den Parteizentralen, im Bundeskanzleramt
und im Auswärtigen Amt und wussten, wie die Bundesregierung und die Verhandlungsführer vorgehen
würden. Wir konnten die sozialistischen Freunde informieren, was wir auch taten, aber Einfluss auf ihre
Entscheidungen konnten wir nicht nehmen.

Aus dem Ton schließe ich, dass Sie mitunter anders ent-
schieden hätten, als es Moskau oder Warschau taten?

Wir informierten, wie die bundesdeutsche Seite auf die sowjetische Verhandlungsführung reagierte und welche Gegenvorschläge die Bonner Verhandlungsdelegation auf den Tisch legen würde. In Warschau 1970 war das ebenso.

Wir hatten eine Quelle im Auswärtigen Amt. Die Sekretärin Helge Berger (»Komtess«) war 1966 unter fremder Flagge angeworben worden, weil sie für eine Zusammenarbeit mit dem MfS, das hatten wir im Vorfeld eruiert, nicht bereit gewesen wäre. Ein Mitarbeiter von uns, Klaus Wöhler, gab sich als Her Majesty's Agent aus und warb sie für den britischen Auslandsnachrichtendienst MI6 an. Als die Warschauer Verhandlungen liefen, arbeitete »Komtess« seit über zwei Jahren in der BRD-Handelsvertretung in der polnischen Hauptstadt.

Der polnische Verhandlungsführer Józef Winiewicz, ein stellvertretender Außenminister, trat sehr selbstbewusst in den Gesprächen auf und vermittelte den Eindruck, dass er genau wisse, was sein Gegenüber, Staatssekretär Georg Ferdinand Duckwitz, vorhatte. Was den natürlich irritierte. Natürlich hatten wir Winiewicz informiert, aber ein wenig mehr diplomatische Zurückhaltung und Pokerface hätten wir uns schon gewünscht. Duckwitz ließ nach dem Leck in seiner Mannschaft suchen und, wie man so sagt, jeden Stein im Auswärtigen Amt umdrehen. Am 15. Mai 1976 wurde Helge Berger verhaftet. Wir boten ihr Hilfe an, weil wir grundsätzlich niemanden vergaßen – auch darin unterschieden wir uns von den westlichen Diensten. Doch Frau Berger war enttäuscht und verbittert, weil sie getäuscht worden war. Von uns wollte sie nichts wissen.

Helmut Müller-Enbergs behauptet, dass die HVA keineswegs Bundeskanzler Brandt geschützt hätte, im Gegenteil, sie habe ihm Knüppel zwischen die Beine geworfen und letztlich aus dem Amt getrieben.

Ich sage es noch einmal: Wenn wir seinen Sturz gewollt hätten, wäre dies für uns ein Leichtes gewesen. Doch das war nicht in unserem Interesse. Erstens: Vieles von dem, was wir wussten, hatten wir von Guillaume erfahren. Wir hätten ihn durch kompromittierende Enthüllungen als unsere Quelle gefährdet. Zweitens, und das war ein politischer und weniger ein nachrichtendienstlicher Grund: Ein ehemaliger Antifaschist als Bundeskanzler war uns allemal lieber als ein ehemaliger Nazi, wie es Kurt Georg Kiesinger, Brandts Vorgänger, einer war. Oder ein ehemaliger Wehrmachtoffizier, der bei der Belagerung Leningrads – die über eine Million Menschen das Leben kostete – das Eiserne Kreuz 2. Klasse erhielt.

Sie meinen Helmut Schmidt, Brandts Nachfolger?

Den meine ich. – Im Übrigen waren wir als HVA gar nicht so sehr auf den Kanzler fixiert, wir hatten alle politischen Parteien im Blick, und in den Apparaten und Institutionen hatten wir unsere Quellen, und dabei interessierten uns mehr Haltungen, Intentionen und Überzeugungen, weniger die Bettgeschichten und krummen Geldgeschäfte. Wir wollten die Hintergründe der Bonner Politik für unsere politischen Entscheider durchschaubar machen, damit wir nicht überrascht würden. Es ging um große Zusammenhänge und nicht darum, einzelne Personen zu Fall zu bringen. So kleinkariert dachten wir nicht.

Wladimir Krjutschkow (links), Markus Wolf (2. v. l.), Horst Jänicke
(2. v. r.), Werner Großmann (r.), 1987

Es stand im Fall Guillaume auch immer der Vorwurf im Raum, dass es ein wechselseitiges Versprechen gegeben habe, keine Spione in der Staatsführung zu platzieren, was also hier hinterhältig von der DDR bzw. der HVA gebrochen worden sei.

Ich kenne eine solche Verabredung nicht, und wenn es sie jemals gegeben haben sollte, dann sollte man sich daran erinnern, dass westdeutsche Dienste in den 50er Jahren Spitzenquellen in Führungsgremien der DDR platziert hatten: Elli Barczatis im Sekretariat des Ministerpräsidenten Otto Grotewohl (Vorgang »Gänseblümchen«), Walter Gramsch in der Generaldirektion Schifffahrt (Vorgang »Brutus«) und Hermann Kastner, Stellvertretender Ministerpräsident (Vorgang »Helwig«).

Wie groß war der Einfluss der sowjetischen Berater?
Unser Verhältnis zu den sowjetischen Freunden ist mitunter falsch dargestellt. Selbstverständlich haben sie versucht, Einfluss zu nehmen, etwa wenn es um die Entwicklung eines Vorgangs ging. Sie gingen jedoch anders an Probleme heran. Einige der sowjetischen Aufklärer hatten im spanischen Bürgerkrieg in den 30er Jahren mit der konspirativen Arbeit begonnen. Sie waren nicht nur deutlich älter als wir, sondern hatten Erfahrungen aus einer anderen Zeit. Dann gab es auch Unterschiede in der Mentalität und bei der Arbeitsauffassung. Sie machten ihre Vorschläge und versuchten auch, ihre Denkweise umzusetzen, sie erteilten uns aber keineswegs Befehle, es war eine vertrauensvolle, offene Zusammenarbeit. Am Ende entschieden wir.

Worin zeigten sich diese Mentalitätsunterschiede?
Etwa bei der Ansprache potenzieller Informanten. Wir versuchten, mit diesen Menschen erst einmal ins Gespräch zu kommen, ihre Ansichten zu erfahren. Wir fielen nicht mit der Tür ins Haus oder überrumpelten sie. Das brauchte seine Zeit. Kurz, wir arbeiteten strategisch-perspektivisch. Für die Freunde hingegen zählten schnelle Ergebnisse. Da gab es schon die eine oder andere Diskussion, an deren Ende wir sagten: »Nein, so machen wir das nicht!« Das wurde dann akzeptiert.

Die menschlichen Beziehungen zu den sowjetischen Aufklärern waren hervorragend, unser Verhältnis zueinander sehr herzlich – von beiden Seiten.

Es sind aber auch andere Nachrichten überliefert. Anton Ackermann, Staatssekretär im Außenministerium und erster Chef des Außenpolitischen Nachrichtendienstes, trat im Dezember 1952 zurück, weil er mit dem sowjetischen Chefberater Andrej Grauer überhaupt nicht klarkam.

Grauer, eigentlich Graouer, galt als äußerst misstrauisch und war 1940 als Legationssekretär der sowjetischen Botschaft in Stockholm ins Visier der schwedischen Abwehr geraten, sodass er dort abgezogen werden musste. Warum gerade er auf Stalins persönliche Weisung als Chefberater zu uns geschickt worden war, kann ich nicht sagen. Grauers Misstrauen steigerte sich bis zur Schizophrenie. Schließlich meinte er, unhaltbare Zustände im Privatleben von Anton Ackermann gefunden zu haben. Am Ende musste Grauer auch aus der DDR zurückgezogen werden. Ich habe ihn nicht mehr persönlich erlebt. Mein Verhältnis zu den sowjetischen Genossen war unbelastet.

Genossen und Freunde

Ihr erster Chef und späterer Freund war Horst Jänicke. Und dessen Vorgesetzter Hans Fruck, 1. Stellvertreter von Markus Wolf, war Ihr Mentor. Konnten sich denn überhaupt Freundschaften unter den Bedingungen eines konspirativ tätigen Unternehmens entwickeln? Verharrten letztlich die Beziehungen nicht auf der arbeitstechnischen Ebene? Persönliche Freundschaften in einem Nachrichtendienst machen objektiv angreifbar. Sie verstehen, was ich meine?

Ja natürlich. Und Sie haben gewiss nicht Unrecht, wobei dies prinzipiell für alle Unternehmen gilt: Arbeit ist Arbeit und Freundschaft ist privat.

Was die beiden für mich wichtigen Personen betrifft, deren Namen Sie nannten: Sie waren ein Beweis dafür, dass bei der Arbeit eben nicht zwingend Freundschaft entstehen muss. Ich mochte sie beide. Ihr Verhältnis war nicht unbedingt harmonisch, um es nachsichtig-freundlich zu formulieren. Horst hatte den nicht unbegründeten Eindruck, dass Hanne ihm als 1. Stellvertreter vor die Nase gesetzt worden war. Jänicke hatte bis dahin das Amt Blank und die militärischen Strukturen der Bundeswehr aufzuklären, diesen Auftrag übernahm nun Fruck. Im Laufe der Jahre normalisierte sich aber ihr Verhältnis, was wohl auch daran lag, dass Horst

Mit Hans »Hanne« Fruck, 1989

Jänicke einen eigenen Verantwortungsbereich zugeteilt bekam, in den ihm – bis auf den Chef Markus Wolf – niemand hineinreden konnte.

Und in diesem lagen die »Dritte Welt«, die europäischen NATO-Staaten und schließlich die USA.
Ja. Ein kleines Land wie die DDR konnte und wollte keinen weltumspannenden Auslandsnachrichtendienst aufbauen und unterhalten wie etwa die Sowjetunion oder die USA. Wozu auch? Wir verfügten anfänglich zudem über kein Netz von Botschaften und anderen diplomatischen Vertretungen, was für die Informationsbeschaffung wesentlich ist. Die weltweite Aner-

kennung der DDR erfolgte erst nach der Beendigung des Alleinvertretungsanspruchs der BRD zu Beginn der 70er Jahre. Also mussten wir uns nach der Decke strecken. Und das bedeutete, dass wir – als zweite deutsche Republik die tradierte Kultur, Geschichte, Sprache etc. nutzend – allenfalls punktuell im »Rest der Welt« aktiv werden konnten. Jänicke gehörte der Außenpolitischen Kommission beim Politbüro an, unterhielt enge Verbindungen zum Außenministerium und zu den Fachabteilungen des Zentralkomitees, weshalb er so etwas wie der Außenminister der HV A war, wie wir ihn scherzhaft nannten. Punktuell tätig wurden wir etwa in Chile, nachdem dort am 11. September 1973 faschistische Militärs – mit massiver Hilfe von CIA und der US-Administration – die legitime, drei Jahre zuvor demokratisch gewählte Volksfrontregierung wegputschten.

Horst Jänicke sorgte dafür, dass viele Funktionäre der Unidad Popular und andere gefährdete Chilenen außer Landes gebracht worden sind.
Was damals kaum einer von uns wusste, auch ich nicht. Die Geheimhaltung war fast perfekt.

Wieso nur fast?
Horst Jänicke erhielt Ende 1973 außer der Reihe den Vaterländischen Verdienstorden. Üblicherweise gab es solche hohen Auszeichnungen nur zu besonderen Jahres- und Geburtstagen – sein 50. lag fast ein Jahr zurück, außerdem wäre turnusmäßig erst Silber an der Reihe gewesen, Bronze hatte er nämlich schon 1964 bekommen. Das warf natürlich Fragen auf.

Und: Hat er sie Ihnen beantwortet?
Nein, hat er nicht. Als ich ihn gefragt habe »Wofür?«,
hat er lediglich gesagt: »Für besondere Leistungen«.

In verschiedenen Publikationen berichteten Beteiligte
Details. Ich persönlich fand es makaber, dass man etwa
Schleuserfahrzeuge, mit denen Bürger der DDR illegal
über die Grenze in den Westen gebracht werden sollten
und die bei diesem Versuch vom MfS gestoppt worden
waren, aufmerksam studierte, sie nachbaute und mit
diesen Autos Chilenen über die Anden nach Argentinien
brachte.
Ach, ob das makaber war … Die von der HVA, präzi-
ser: von Horst Jänicke organisierte Fluchthilfe war ein
Akt der Solidarität und der Humanität.

Das behaupteten die Fluchthelfer aus der BRD auch.
Das war ein Geschäft, nicht immer, aber meist. Und
zwar ein kriminelles Geschäft, nicht nur deshalb, weil
damit gegen Gesetze der DDR, gegen das Völkerrecht
und gegen allgemeine Menschenrechte verstoßen
wurde. Die Schleuser waren ja im Wesentlichen Men-
schenhändler, denn die Personen waren ihnen egal, sie
nahmen deren Tod billigend in Kauf.

Ich verstehe, Sie wollen damit sagen, dass sich die von
Horst Jänicke organisierte Fluchthilfe nicht mit der
Fluchthilfe von der DDR in die BRD vergleichen lässt.
Nein, absolut nicht. Im Übrigen: Den Begriff »Flucht-
hilfe« würde ich für die deutsch-deutschen Fälle auch
nicht verwenden. Die meisten verließen doch die DDR,

weil sie sich im Westen ein besseres Leben versprachen, nach heutigem Verständnis waren es Wirtschaftsflüchtlinge. Die Chilenen mussten tatsächlich fliehen – vor Mord und Terror. Es ging um ihr Leben. Während der Pinochet-Diktatur von 1973 bis 1990 starben über 40 000 Menschen, wie vor einigen Jahren eine Untersuchungskommission in Santiago mitteilte. Es wären noch mehr gewesen, wenn wir nicht geholfen hätten. Und Horst Jänicke hat daran entsprechend seiner politischen Überzeugung mitgewirkt. Eitelkeit war ihm völlig fremd, persönliches Ansehen gleichgültig.

1978 hätten wir ihn fast verloren. Er begleitete das Politbüromitglied Werner Lamberz und den Leiter der Abteilung Internationale Verbindungen im ZK der SED, Paul Markowski, bei einer Reise nach Libyen. Gegen Mitternacht am 6. März rief er mich aus Tripolis an und teilte mir mit, dass beide tot seien, der Hubschrauber sei abgestürzt. Er hätte ebenfalls in der Maschine sitzen sollen, doch es sei kein Platz mehr für ihn gewesen. Ich telefonierte sofort mit Mielke, der dann Honecker informierte.

Hans Fruck schied 1977 aus dem Dienst aus, Sie rückten nach.

Das stimmt so nicht. Ich wurde neben Horst Jänicke ein Stellvertreter des HV A-Chefs, die Funktion eines 1. Stellvertreters gab es nicht mehr. Später kamen noch Werner Prosetzky und Heinz Geyer hinzu. Meine Zusammenarbeit mit Horst blieb freundschaftlich wie zuvor, zumal wir uns inhaltlich nicht in die Quere kamen: Ich war für die Bundesrepublik zuständig und er für

Horst Jänicke mit Werner Lamberz (links) in Äthiopien, 1977

den »Rest der Welt«. Keiner von uns hat dem anderen Anweisungen oder gar Befehle erteilt.

Im Laufe der Zeit bezog mich Markus Wolf zunehmend in die Lösung übergeordneter Probleme ein. Anfang der 80er Jahre beauftragte er mich mit dem Abfassen der Jahresberichte, die die HVA am Ende eines jeden Kalenderjahres dem Minister vorzulegen hatte. Das war auch eine organisatorische Aufgabe, die mich durch die gesamte Hauptverwaltung führte: Ich musste mit den Abteilungsleitern reden, inhaltliche Schwerpunkte vorgeben, ihre Berichte entgegennehmen und den Gesamtbericht erstellen. Allerdings behielt sich Markus Wolf immer die Endredaktion vor. Die Auswertung mit den Abteilungsleitern überließ er wieder mir.

Wie muss man sich denn solch eine Auswertung vorstellen? Was war denn überhaupt möglich, ohne die Grundsätze der Konspiration zu verletzen?
Die Planvorgaben blieben namenlos. Die einzelnen Abteilungen lieferten einen statistischen Überblick etwa über die Zahl der Quellen in ihren Operationsgebieten und -objekten. Angaben, die eine Quelle hätten erkennen lassen, gab es nicht. Die Abteilungen legten auch dar, wie viele Werber sie im Operationsgebiet hatten, bezifferten Ab- und Zugänge und berichteten selbstverständlich auch über Verluste. Weiter enthielt die Übersicht Angaben über die Zahl der gelieferten Informationen und so weiter. Das wurde beim Stab der HVA zusammengestellt und weiter bearbeitet. Dann kam es zu mir. Ich musste das Ganze sichten und bewerten. Danach habe ich den Bericht mit Markus Wolf abgestimmt.
Im Mittelpunkt der Berichte standen jedoch die Perspektiven und die Maßnahmen, welche wir zu ergreifen hatten. Dazu wurde beispielsweise erörtert, ob wir weitere Kundschafter übersiedeln oder zusätzliche IM in der DDR rekrutieren sollten oder besser nicht.

Führte die HVA viele inoffizielle Mitarbeiter?
Wie viele es waren, kann ich nicht sagen. Die Zahlen, die die BStU verbreitet – 10 000 DDR-Bürger und 1500 Bundesbürger – halte ich jedoch für »zweckdienlich« übertrieben. Die Sache wuchs sich sowohl zum finanzi-

ellen wie auch zum Sicherheitsproblem aus. Jedenfalls zogen wir irgendwann die Reißleine und expandierten personell nicht weiter.

Wie sahen die Vorgaben aus, die vom Minister kamen?
Die waren ebenso allgemein gehalten wie unsere Berichte. Uns wurde gesagt, was wir weiter aufzuklären haben, ergänzt durch den obligatorischen Hinweis auf die politisch-ideologische Diversion durch den Klassenfeind.

Sie wurden 1986 Leiter der HVA. Eine Kaderentscheidung auf dieser Ebene bedurfte bestimmt der Zustimmung Moskaus.
Sicher. Die erste Nachricht kam von Wolodja Budachin, er war von 1981 bis 1987 der Chefverbindungsoffizier der sowjetischen Aufklärung in Karlshorst. Er überraschte mich mit der Bemerkung, ich solle mich mit dem Gedanken vertraut machen, Nachfolger von Markus Wolf zu werden. Das war Jahre vor dem Wechsel. Offenkundig hatte man in Moskau diese Frage zu einer Zeit diskutiert, in der ich noch fest überzeugt war, dass Horst Jänicke Leiter der HVA werden würde. Und dass Wolodja mir dies in meinem Arbeitszimmer in der Ruschestraße durchsteckte, geschah gewiss auch nicht von ungefähr.
Die Tatsache, dass Moskau in dieser Frage zumindest Ratschläge erteilte, war auch in einer anderen, sehr wichtigen Angelegenheit von Bedeutung. Als ich Nachfolger von Markus Wolf werden sollte, also wie dieser auch stellvertretender Minister, wollte dies Mielke

nicht. Er wollte den Wechsel an der Spitze der HV A nutzen, um stärkeren Einfluss auf die Aufklärung zu erlangen. Dass der Chef der HV A zugleich auch stellvertretender Minister war, bedeutete auch eine Art Schutzschild für uns: Kein anderer stellvertretender Minister hatte die Befugnis, in unsere Arbeit einzugreifen, Einsicht zu nehmen oder Anordnungen zu erteilen.

Hatten Sie denn besonders gute Beziehungen zu Moskau?
Kann man so sagen. In den 60er Jahren studierte ich an der dortigen Parteihochschule, übrigens gleichzeitig mit Egon Krenz. Ein Jahr lebten wir im Wohnheim Tür an Tür.

Wurden Sie planmäßig dorthin geschickt?
Keineswegs. Das geschah insofern zufällig, weil mich niemand auf dem Zettel hatte. Am Rande einer Geburtstagsfeier des Parteisekretärs 1965, zu der ich als Abteilungsleiter pflichtschuldig gegangen war, kam die Frage auf, wen man nach Moskau zur Parteihochschule schicken könne, worauf ich die Hand hob und fragte, weshalb man nicht mich nähme. Ob ich das wirklich machen wolle oder nur so zum Scherz gesagt habe, fragten die Anwesenden überrascht. Ich bekräftigte meinen Wunsch. Ich hatte gute Kontakte zu sowjetischen Freunden, war bis dahin allerdings nur einmal dienstlich in der UdSSR und neugierig auf das Land.

Sie sprachen doch kein Wort Russisch.
Richtig. Aber das ließ sich ja lernen. Und das tat ich. Wir nahmen an einem sehr intensiven Sprachenlehr-

gang mit engagierten Lehrerinnen teil. Im Unterschied zu den Dienstreisen, wo es stets eine Rundumbetreuung gab und mindestens einer auf uns aufpasste, dass uns nichts widerfuhr und wir nicht an die »falschen« Stellen in der Stadt gerieten, waren wir Kursanten nun völlig frei. Wir bewegten uns ohne jegliche Einschränkung in Moskau. Anders als auf der Schule des APN in Pankow mussten wir auch nicht um 22 Uhr im Internat sein. Es interessierte niemanden, wann wir nach Hause kamen. So lernten wir Land und Leute, Gewohnheiten und vor allem die Sprache kennen.

Der Lehrgang stellte allerdings eine große Belastung für meine Familie dar. Die Kinder waren 17, 15 und 12 Jahre alt, also in einem Alter, das gemeinhin als schwierig gilt. Das alles musste, wieder einmal, meine Frau allein bewältigen.

Hinzu kam, dass ich nun nicht mehr Abteilungsleiter war und auch kein Gehalt bezog, was offenkundig im Hause niemanden zu interessieren schien. Ich erhielt ein Stipendium von 900 Mark und ein paar Rubel Taschengeld. Das war's.

War in Moskau bekannt, woher Sie kamen, oder gab es eine Legende?
Es war im Kurs bekannt, dass ich Werner Großmann heiße, aus Berlin komme und Oberstleutnant der Aufklärung bin. In unserem Kurs war ich der einzige vom MfS. Die deutschen Kommilitonen kamen aus der Staatlichen Plankommission, vom Ministerium des Innern, aus dem Partei- und Staatsapparat.

Wachwechsel in der HVA: Markus Wolf geht in den Ruhestand, sein Stellvertreter Werner Großmann übernimmt, 1986

Ich hörte von anderen, dass sie die zwischen den Nationalitäten bestehenden Spannungen an der Schule zu spüren bekamen. Sie auch?

Ja. Wir teilten das Wohnheim mit »Hörern«, wie wir Parteihochschüler genannt wurden, mit Balten, Ukrainern, Kirgisen, Usbeken und Vertretern anderer Völkerschaften. Da gab es große kulturelle Unterschiede, und es bildeten sich Gruppen. Den Umgang miteinander würde ich nicht unbedingt als freundschaftlich bezeichnen, aber es gab keine handfesten Auseinandersetzungen und dergleichen, aber spürbare Spannungen. Am besten verstand ich mich mit zwei Sibirjaken, die standen mir mental am nächsten, auch wenn ich mich erst daran gewöhnen musste, zu jeder Gelegenheit »sto gramm« zu trinken.

Auffällig war, und das war auch später in der Zusammenarbeit mit dem sowjetischen Dienst spürbar, eine gewisse nationale Überheblichkeit, die ich »Großrussentum« nenne. Das reichte bis in die Besetzung der Funktionen. In den Dienststellen dominierten die Russen.

Nach Ihrer Rückkehr begleiteten Sie oft Ihren Chef auf Dienstreisen in die Sowjetunion, was zum Knüpfen von Verbindungen nützlich war. Aber vermutlich interessierten sich die Freunde mehr für Ihren Arbeitsgegenstand – der waren die NATO, die Rüstung und die Bundesrepublik Deutschland.

Sicher. Häufig war ich mit Mitarbeitern meines Verantwortungsbereichs in Moskau, um die sowjetische Seite über Pläne und Bewaffnung der NATO zu informieren.

Großmann mit Vertretern des KGB, Zweiter v. l. der verantwort-
liche Verbindungsoffizier Alexander Prinzipalow (1949–1996),
der von 1985 bis zur Auflösung der HVA 1990 in Berlin arbeitete

Und da konnten wir Qualität liefern. Nicht nur was
die militärische Seite anbetraf. Wir kannten auch die
politischen Konzepte des Gegners. Ich spürte schon,
dass ich ein gesuchter Gesprächspartner war. Aber das
Komitee für Staatssicherheit, KGB, war nicht nur an
Informationen interessiert. Sie wollten auch wissen, *wie*
wir an unsere Arbeit herangingen. Darüber sprach ich
auch mit den sowjetischen Abteilungsleitern. Denen
konnte ich zwar unsere Erfahrungen vermitteln, doch
ihr Handicap nicht nehmen: Sie hatten Probleme beim
Zugang in die NATO. Unser Vorteil bestand in unserer

Herkunft: Wir waren Deutsche und konnten uns auf diesem Terrain ganz anders bewegen.

Sie arbeiteten auch anders. Fast zwei Drittel ihrer Auslandsarbeit betrieben sie aus diplomatischen Vertretungen. Sie hatten zwar auch illegale Linien, die ebenso wie wir operierten, doch das war nur der kleinere Teil ihres Apparates.

Als dann die DDR in den frühen 70er Jahren weltweit anerkannt wurde und wir mehr als hundert diplomatische Vertretungen besaßen, stieß Markus Wolf bei uns die Diskussion an, ob wir die Arbeit nunmehr ebenso wie die sowjetischen Genossen organisieren oder bei unseren Methoden bleiben sollten. Wir haben uns dafür entschieden, aus unseren Vertretungen nicht aktiv, sondern lediglich passiv zu arbeiten.

Was heißt das?

Das bedeutete zum Beispiel, dass aus der Botschaft heraus keine Quellen geworben und geführt wurden. Es wurden nur die Informationen weitergeleitet, die sich aus der täglichen diplomatischen Arbeit ergaben. Unsere Mitarbeiter waren in den Botschaften als Diplomaten tätig. Und Diplomaten haben in den Gastländern nun mal interessante Gesprächspartner in allen Bereichen, von der Politik über die Wirtschaft bis hin zur Kultur. So haben wir auch auf diese Weise Informationen »abschöpfen«, also gewinnen können.

Dadurch entgingen wir der Gefahr, diplomatische Verwicklungen zu produzieren, mit denen die Sowjetunion des Öfteren konfrontiert war. Wenn gegnerische Dienste unsere Vertretungen bearbeiteten, also zum

In der Ladengalerie der *jungen Welt* bei einer Buchvorstellung, 2010. Von links nach rechts: Gotthold Schramm, Werner Großmann, Peter Wolter und Klaus Eichner. Oberst a. D. Schramm war für die Sicherheit der DDR-Botschaften verantwortlich

Beispiel den Post- und Telefonverkehr überprüften, liefen sie bei uns ins Leere. Ich erinnere mich, dass der Schweizer Staatsschutz aktiv nach Gründen für eine Ausweisung der DDR-Diplomaten suchte. Er fand nichts.

Sie waren der Nachfolger von Markus Wolf, der über drei Jahrzehnte die Auslandsaufklärung der DDR erfolgreich geführt hatte. Und zuvor waren Sie sein Stellvertreter. Sie arbeiteten Seite an Seite. Über Ihrer beider Verhältnis ist oft spekuliert worden.

Was gibt es da zu spekulieren? Alles, was dazu zu sagen war, habe ich nach seinem Tod 2006 in der *jungen Welt* geschrieben. »Seit meinem Eintritt als Mitarbeiter des Dienstes entwickelte sich eine enge Bindung zwischen uns durch die volle Übereinstimmung in politischen und berufsspezifischen Fragen, durch die gegenseitige von Vertrauen und Verlass getragene menschliche Beziehung zueinander. Er war mir in all den Jahren Vorbild und Freund zugleich. Die vielen Jahre der engen beruflichen Zusammenarbeit [...] führten uns gemeinsam durch Höhen und Tiefen im persönlichen und beruflichen Leben, entwickelten sich auch zu festen freundschaftlichen Beziehungen im privaten Bereich. [...] Sein Ansehen als ehrlicher, aufrechter Kämpfer für gesellschaftlichen Fortschritt wird, trotz aller heute gegen ihn und seine Mitarbeiter von bestimmten Kräften geführten Verleumdungs- und Diskriminierungskampagnen, dauerhaft bleiben. Mischa, ich danke Dir für alles.«

»De mortuis nihil nisi bene«, über die Toten nur Gutes ... Davon ist nichts zurückzunehmen. Freundschaft heißt doch nicht, dass man immer einer Meinung sein muss.

Die Grenzen
der Wirtschaftsspionage

*Eines der am heftigsten diskutierten Themen nach 1990
war der Komplex »Inoffizielle Mitarbeiter«. Das Kürzel
IM kannte bis dahin kaum einer, es sollte alsbald gängige
Chiffre und Totschlagargument werden. Die HVA, Sie
erwähnten es bereits, versicherte sich ebenfalls der Unterstützung durch Menschen außerhalb des Dienstes.*

*In Frankreich, Großbritannien oder den USA galt es
seinerzeit – inzwischen hat sich das vielleicht auch ge-
ändert – als Ehre, vom Geheimdienst angesprochen zu
werden, um bei der Lösung eines Problems mitzuhelfen.
Getreu der Forderung von John F. Kennedy: »Frage nicht,
was dein Land für dich tun kann, sondern was du für
dein Land tun kannst.« Für Ostdeutsche hingegen durfte
das nicht gelten.*

Meine Berufserfahrungen bestätigen das.

*Da aber seit mehr als einem Vierteljahrhundert dieses
Kesseltreiben andauert, findet auch keine sachliche Auseinandersetzung statt, die nicht nur ich für nötig halte. Die
Erklärung aus MfS-Kreisen lautet, dass die Zusammenarbeit auf der Basis politischer Überzeugungen erfolgte.*

Auch das stimmt. Gesinnung kann man nicht kaufen.

Es soll aber auch Fälle gegeben haben, wo die Basis klassische Nötigung war.

Das würde ich nicht ausschließen wollen. Es gehört zum Handwerk von Geheimdiensten überall auf der Welt, einen gewissen Druck aufzubauen, um jemanden zur Kooperation zu gewinnen, wenn andere Methoden nicht greifen. Wir jedoch haben niemanden erpresst oder gezwungen, mit uns zusammenzuarbeiten.

Wenn sich die Zusammenarbeit auf politischen Überzeugungen gründete, verstehe ich nicht, weshalb Nomenklaturkader der SED – die gewiss überzeugt waren und nicht erst überzeugt werden mussten – bei der Anwerbung von IM ausgenommen wurden. Wieso waren die für die HVA bzw. für das MfS tabu?

Grundsätzlich konnten wir mit jedem reden und um Hilfe bitten. Aber per Verpflichtungserklärung an uns binden durften wir nicht jeden. Das galt besonders für Mitarbeiter und Mitglieder des Zentralkomitees und des Parteiapparats. Warum das so war und wer dies wann festgelegt hatte, entzieht sich meiner Kenntnis. Vermutlich hing das mit dem Führungsanspruch der Partei und dem Rollenverständnis zusammen.

Trotzdem stand ich als stellvertretender Leiter der Aufklärung, dem auch die Anleitung unserer Abteilung II oblag – sie beschäftigte sich mit den politischen Parteien in der Bundesrepublik – in ständigem Kontakt zu Herbert Häber. Der leitete zwischen 1973 und 1985 die West-Abteilung des ZK. Die Verbindung war produktiv für beide Seiten: Wir waren ihm bei der inhaltlichen Vorbereitung von Westreisen behilflich, und er infor-

Herbert Häber (rechts) mit Egon Krenz und Herbert Mies, 1982

mierte uns über seine Gespräche. So erhielten wir von ihm alle Berichte, die er an Honecker gab.

Als Häber 1984 Mitglied des Politbüros wurde, setzten wir unseren Gedankenaustausch fort. Doch das wurde von anderen Mitgliedern im Parteiapparat misstrauisch beäugt. Schließlich haben wir unsere Verbindung nicht konspirativ, sondern ganz offen gepflegt

Diese Beziehung war jedoch eher Ausnahme denn Regel, nicht zu jedem Staats- und Parteifunktionär bestand ein intensives und gutes Verhältnis. Wir haben das jedoch weder angestrebt, noch war es praktisch möglich. Und manche verweigerten sich auch. Manfred Feist leitete seit 1966 in der Nachfolge von Werner Lamberz die Abteilung Auslandsinformation im Zentralkomitee. Obgleich er mal für das MfS als IM »Schmidt« gearbeitet hatte, trug er die Nase ziemlich hoch. Ihm war wohl die Tatsache zu Kopf gestiegen, dass er Honeckers Schwager war. Ich wollte ihn einmal sprechen, da ließ er mich in seinem Vorzimmer mit dem Satz abtreten, er spräche nur mit einem im MfS, mit Paul Kienberg. Generalleutnant Paul Kienberg leitete seit 1964 die Hauptabteilung XX, die für den Staatsapparat, Kirchen, Kultur und Untergrund zuständig war.

Häber war da aus anderem Holz und wohl auch intelligenter. War das der Grund, weshalb ihm mancher nicht über den Weg traute? Auch Ihr Minister hatte gegenüber Häber Vorbehalte, wie man weiß.

Das hinderte Mielke jedoch nicht, mich ab und an zu bitten, bestimmte Fragen mit Häber zu besprechen. Mielke wusste von meinem Kontakt zu Häber und wollte dieses Potenzial durchaus für sich nutzen. Trotzdem hat er an Häbers Sturz mitgewirkt.

An den Spekulationen, was ursächlich war, will ich mich nicht beteiligen. Die einen sagen, Häber war das Bauernopfer, weil Tschernenko, Ustinow und Gorbatschow im Sommer 1984 Honecker die BRD-Reise untersagt und seine Westpolitik kritisiert hatten, und die war im Wesentlichen von Häber konzipiert worden. Die anderen meinen, es lag daran, dass sein Vater 1943 an einem Erschießungskommando in Frankreich beteiligt gewesen war; wiederum andere sind der Überzeugung, dass die Information des KGB, die CIA plane Häbers Anwerbung, der Grund für seine politische Ausschaltung war.

Ich weiß, dass Herbert Häber einigen im Politbüro im Wege stand. Praktisch gab es im Zentralkomitee drei Gruppen, die für sich in Anspruch nahmen, federführend für die Beziehungen zur Bundesrepublik und zu Westberlin verantwortlich zu sein. Da war natürlich zuallererst Herbert Häber selbst. Er war im ZK als zuständiger Abteilungsleiter und später als ZK-Sekretär und Politbüromitglied zuständig für die Beziehungen zur Bundesrepublik und zu Westberlin und in diesen Fragen Honeckers engster Mitarbeiter. Sodann gab es im ZK eine »Arbeitsgruppe Bundesrepublik Deutschland/Westberlin«, die von Wirtschaftssekretär Günter Mittag geleitet wurde. Diese Arbeitsgruppe wachte eifersüchtig darüber, dass in den Westbeziehungen nichts ohne sie, d. h. ohne Mittag, lief. Das erstreckte sich über die Wirtschaftsbeziehungen bis zur Außenpolitik, ein Feld, das gar nicht Mittags war.

Und schließlich wollte sich auch Hermann Axen auf diesem Gebiet profilieren und reklamierte für sich, dass alle Kontakte zu Egon Bahr und damit in die Bonner SPD ausschließlich über ihn liefen.

Welches Material der Minister wem zulieferte, kann ich nicht sagen. Wir waren in die Arbeit dieser drei Gremien jedenfalls nicht eingebunden.

Welche Rolle spielte der 1981 verstorbene Michael Kohl, der sowohl Mitglied der Außenpolitischen Kommission als auch der Westkommission beim Politbüro des Zentralkomitees der SED war? Er führte die Verhandlungen mit der BRD und war der erste Ständige Vertreter der DDR in Bonn.

Wenn es um die Bundesrepublik ging, war Michael Kohl ein wichtiger Partner für uns. Wir hatten zu ihm schon Kontakt, als er im Außenministerium arbeitete und wichtige Gespräche mit der BRD-Seite führte. In den 60er Jahren verhandelte er die Passierscheinabkommen mit Westberlin und in den 70er Jahren das Transitabkommen, den Verkehrs- und den Grundlagenvertrag zwischen der DDR und der BRD. Er informierte uns über Inhalt und Probleme bei den Verhandlungen, wir lieferten Hinweise und Hintergrundwissen aus unseren Quellen. Diese vertrauensvolle Zusammenarbeit führten wir fort, als Michael Kohl Botschafter in Bonn und danach in Berlin stellvertretender Außenminister war. Geworben jedoch wurde er von uns nie. Darum hat er auch keine Verpflichtungserklärung unterschrieben. Wer die Zusammenarbeit mit uns nur auf diesen, nennen wir es mal bürokratischen Akt reduziert, liegt falsch. Das gilt im Übrigen auch für den Umkehrschluss. Nicht jeder, der sich schriftlich verpflichtete, war auch ein guter IM.

Markus Wolf selbst pflegte enge Kontakte zu leitenden Mitarbeitern des Zentralkomitees der Partei, aber auch zu Funktionären in den Bezirksleitungen. Horst Vogel, seit 1983 stellvertretender Leiter der HVA, sprach in seiner Funktion als Chef des Sektors Wissenschaft und Technik (SWT) mit Kombinatsdirektoren und Leitern von Forschungseinrichtungen. Auch diese Verbindungen waren intensiv und produktiv.

Was konnte die HVA in Sachen Wissenschaft und Technik leisten? Warum überhaupt diese Einrichtung?

Horst Vogel, Leiter des Sektors Wissenschaft und Technik der HVA, auf der Konferenz in Odense, 2008

Der Kalte Krieg war auch ein Wirtschaftskrieg. Die DDR wurde mit Boykotten und Embargos überzogen, wir wurden von der internationalen Arbeitsteilung vornehmlich auf Betreiben der BRD ausgeschlossen. Faktisch kämpfte die DDR vom ersten Tag ihrer Existenz um das wirtschaftliche Überleben. Wir waren gezwungen, uns Dinge illegal zu beschaffen, die legal zu bekommen uns aus politisch-ideologischen Gründen verweigert wurden.

Auf Initiative der USA war bereits 1949 ein Koordinationsausschuss für Ost-West-Handel (CoCom) gegründet worden. Er sollte verhindern, dass die Sowjetunion und ihre Verbündeten strategische Technologien und

Erzeugnisse bekamen. Diese Embargo-Listen versuchten wir, mit geheimdienstlichen Mitteln zu umgehen. Anfangs, als der Außenpolitische Nachrichtendienst noch am Rolandufer sein Quartier hatte, bestand die wissenschaftlich-technische Aufklärung aus fünf Genossen. Sie waren bestenfalls in der Lage zu sammeln, was offene Quellen, also Fachliteratur und Medien, hergaben. Doch die Embargos gegen uns wurde immer umfassender, die CoCom-Verbotsliste immer länger. Schließlich gründeten wir den Sektor Wissenschaft und Technik. Als der 1990 aufgelöst wurde, arbeiteten hier rund vierhundert Genossen.

Glaubten Sie ernsthaft, durch Wirtschaftsspionage die DDR-Wirtschaft retten zu können?
Natürlich nicht. Vor allem ließen sich so die ausbleibenden Rohstofflieferungen aus der Sowjetunion nicht kompensieren. Erdöl ließ sich nicht stehlen, Konstruktionsunterlagen oder Ersatzteile hingegen schon. Und das haben wir auch gemacht. Kombinatsdirektoren kamen zu uns und baten um Hilfe. Wenn wir konnten, haben wir auch das Gewünschte besorgt. In den 80er Jahren standen Informationen aus dem Bereich Mikroelektronik ganz oben auf unserer Liste.

Bei der Mikroelektronik wollte die DDR mit den Giganten in den USA und Japan mithalten, was völlig illusionär war. Uns fehlte dazu nicht nur die materielle Basis, sondern auch die Grundlagenforschung.
Darum erhielten wir auch den Auftrag, alle Informationen zu beschaffen, derer wir habhaft werden konnten.

Verpflichtung wurde eingelöst:
Kombinat Carl Zeiss Jena übergab
1-Megabit-Speicherschaltkreis

Dank Erich Honeckers für die wissenschaftlich-technische Spitzenleistung des Kollektivs / Großer Beitrag zur Entwicklung der Produktivkräfte in der DDR

Berlin (ND). Die ersten in der DDR hergestellten 1-Megabit-Speicherschaltkreise wurden am Montag dem Generalsekretär des ZK der SED und Vorsitzenden des Staatsrates der DDR, Erich Honecker, von einem Kollektiv des Kombinates Carl Zeiss Jena übergeben. Der Generaldirektor des Kombinates, das Mitglied des Zentralkomitees der SED Prof. Dr. Wolfgang Biermann, führte aus, daß damit in der DDR die Grundlagen entstanden sind, um schrittweise die Massenproduktion solcher Speicherschaltkreise vorzubereiten. Diese wissenschaftlich-technische Spitzenleistung vollbrachte der VEB Forschungszentrum Mikroelektronik Dresden des Kombinates Carl Zeiss Jena in enger Forschungskooperation mit Einrichtungen der Akademie der Wissenschaften der DDR und des Hochschulwesens in dem kurzen Zeitraum von nur zwei Jahren. Die gegenüber der Partei übernommene Verpflichtung wurde eingelöst.

Übergabe der ersten in der DDR hergestellten 1-Megabit-Speicherschaltkreise
Foto: ZB/Mittelstädt

Ergebnisse zeigen, wozu der Sozialismus in der Lage ist

Erich Honecker dankte Prof. Dr. Biermann und den anwesenden Mitgliedern des Entwicklerkollektivs für die Übergabe des 1-Megabit-Speicherschaltkreises. Eure Leistungen, so sagte er, sind ein hervorragender Beitrag für den Wettlauf mit der Zeit. Sie sind ein überzeugender Beweis dafür, daß die Deutsche Demokratische Republik auch künftig ihre Position als entwickeltes Industrieland behauptet. Die Einheit von Wirtschafts- und Sozialpolitik, die in unserem Land die Grundlage für die weitere Gestaltung der entwickelten sozialistischen Gesellschaft ist, und ihre Ergebnisse wie das vom Entwicklerkollektiv 1-Megabit-Speicherschaltkreis übergebene zeigen, daß der Sozialismus in der Lage ist, die schöpferischen Potenzen des Volkes weiter zu entfalten.

man alle Aspekte des gesellschaftlichen Lebens betrachtet, dem Kapitalismus weit überlegen ist. Es sei müßig, so sagte Erich Honecker, darüber zu streiten, ob oder wie sich in der Gegenwart der Klassenkampf vollzieht. Es waren die Begründer des wissenschaftlichen Sozialismus, die klar und offen sagten, daß es nicht ihr Verdienst gewesen sei, den Klassenkampf entdeckt zu haben. Klassen und Klassenkampf gab es schon früher. Unser Verdienst, so erklärten sie, ist es vielmehr, die Gesetze des Klassenkampfes entdeckt zu haben. Sie haben aufgedeckt, daß dieser Kampf, geführt von der Partei, der Arbeiterklasse, letzten Endes zur Macht der Arbeiterklasse führt, daß damit das Tor für eine neue Gesellschaftsordnung, den Sozialismus, geöffnet wird.

Vollbeschäftigung und Volkswohlstand

Eure Tat, so sagte Erich Honecker, ist ein großer Beitrag zur Entwicklung der Produktivkräfte

mit den Bauern, im Bündnis mit der Intelligenz, unter Führung ihrer Partei durchaus in der Lage ist, eine moderne sozialistische Gesellschaft zu leiten. Die Entwicklung der Produktivkräfte, die Vervollkommnung der gesellschaftlichen Verhältnisse im Sozialismus bedeuten Vollbeschäftigung und Volkswohlstand. Ich möchte allen Beteiligten am Forschungskomplex 1-Megabit-Speicherschaltkreis im Namen des Zentralkomitees der SED, des Staatsrates und des Ministerrates der DDR recht herzlich danken.

Bei der Übergabe des 1-Megabit-Speicherschaltkreises waren anwesend neben Prof. Dr. Wolfgang Biermann Prof. Dr. Ulf Gottschling, Betriebsdirektor des VEB Forschungszentrum Mikroelektronik Dresden, Prof. Dr. Bernd Junghans, Projektleiter, Kandidat des ZK der SED, Dr. Jens Knobloch, Entwicklungsleiter, Michael Raab, Technologieentwickler, und Monika Krell, Parteisekretär im Dresdner Betrieb, sowie Günter Mittag, Mitglied des Politbüros und Sekretär des ZK der SED, Felix Meier, Minister für Elektro-

Seite 1 im *Neuen Deutschland* vom 13. September 1988

Bei einem Vortrag, 2001

Wir konnten und wir lieferten. Wobei die strategische Entscheidung der DDR, sich auf die Mikroelektronik zu konzentrieren, nicht ausschließlich Mittags Marotte war. Eine technische Revolution deutete sich an, von der wir aber ausgeschlossen blieben. Also wurde entschieden, eigenständig die Sache zu versuchen, ohne zu wissen, wie uneinholbar groß der Vorsprung führender kapitalistischer Staaten auf diesem Felde war.

Und dann passierte die Panne mit dem 1-Megabit-Chip.
Das war keine Panne, sondern arroganter Größenwahn. Wir beschafften mit mehreren Kundschaftern bei Siemens Technologie-Unterlagen, die der Konzern in Japan bei Toshiba gekauft hatte, und reichten diese an das Dresdner Zentrum für Forschung und Technologie der Mikroelektronik weiter, das dem Kombinat Carl Zeiss Jena unterstand. Kombinatsdirektor Biermann informierte uns Anfang September 1988, dass sie drei Muster eines 1-Megabit-Chips fertiggestellt hätten. Für die Übergabe an Honecker, die für den 12. des Monats vorgesehen sei, fehlen ihm aber entsprechende Schaltkreisgehäuse. Ob wir nicht …? Wir besorgten sie über Nacht. Biermann dankte und sagte: Honecker kriegt eins und die HV A kriegt eins. Das dritte Muster wollte er selbst in Jena behalten.
Die Übergabe dieses Chips an Erich Honecker wurde am 12. September im Fernsehen der DDR übertragen. Jeder konnte das sehen. Auch Biermann hatte sofort erkannt, dass dies mehr als fatal war. Zumal Honecker und Mittag diesen Chip auch auf einer großen Ausstellung in Moskau präsentieren wollten. Jeder vom Fach wusste, dass die DDR aus eigener Kraft nie in der Lage gewesen wäre, einen solchen Speicher zu entwickeln. Es mussten Anleihen genommen worden sein. Uns Geheimdienstler interessierte dabei weniger die politische Peinlichkeit, sondern vor allem die Sicherheit unserer Quellen. Toshiba und Siemens waren weltweit

die einzigen, deren Vorarbeiten so weit gediehen waren. In diesen beiden Konzernen würden doch sofort die Alarmglocken schrillen, wenn Honecker den Chip selbstbewusst strahlend in die Kamera hält. Das musste unbedingt verhindert werden.

Ich ging zu Mielke und trug unsere Bedenken vor.

Der griff sofort zum Telefon und rief in meinem Beisein Mittag an. Der fertigte ihn jedoch mit den Worten ab: »Kümmere du dich um deinen Kram, ich kümmere mich um meinen!«

Honecker und Mittag hatten sich in den aberwitzigen Gedanken verbissen, Gorbatschow mit diesem Präsent vorzuführen, ihn zu demütigen. Die kleine DDR zeigte der großen Sowjetunion, wie man es machen musste. Seht her, wozu wir in der Lage sind! Ihr quatscht von Glasnost und Perestroika – wir arbeiten unterdessen angestrengt und stoßen in die Weltspitze vor!

Ja, natürlich, das taten wir. Kundschafter, Fachleute vom Sektor Wissenschaft und Technik des MfS, Forscher in Dresden und Jena und viele andere hatten sich in eine Riesenaufgabe gekniet und diese mit Bravour erfüllt. Das verdiente Beifall und den Dank nicht nur des Vaterlandes, sondern des gesamten Warschauer Vertrages. Doch mit dieser gleichermaßen hochmütigen wie überzogenen Geste machte man alles klein und kaputt. Der gefährliche Unsinn nahm seinen bekannten Verlauf.

Bockwurst
mit Kartoffelsalat

Die Abteilung II der Aufklärung beschäftigte sich mit politischen Parteien und Organisationen in der Bundesrepublik. Ab wann zählte diese Abteilung zu Ihrem Verantwortungsbereich?

Ab 1976, als Hanne Fruck ausschied. 1967, als ich aus Moskau von der Parteihochschule zurückkehrte, eröffnete mir Markus Wolf, dass ich fortan nicht mehr Leiter der Abteilung IV sei, die leitete nun mein ehemaliger Stellvertreter Harry Schütt. Mir übertrug er die Leitung der Abteilung I, die die staatlichen Institutionen in der Bundesrepublik zu bearbeiten hatte. Die Abteilung II verblieb bis 1976 im Verantwortungsbereich von Markus Wolf. Als Fruck ging, wurde ich verantwortlich für die II.

Beschäftigte sich diese Abteilung auch mit den Kirchen in der Bundesrepublik? Oder gab es dafür wie bei der Abwehr eine eigene Abteilung?

Nein, nicht einmal ein Referat. Seltsamerweise haben wir uns nicht gesondert mit den Kirchen in der Bundesrepublik befasst. Warum, vermag ich bis heute nicht zu sagen. Wir hatten keinen Draht dorthin.

Ansonsten hatten wir, und das sage ich nicht ohne Stolz, unsere Quellen in allen wichtigen Ministerien, Parteien und Institutionen der Bundesrepublik platziert. Wir konnten jederzeit exakte Aussagen über die Absichten des Gegners treffen.

Ausgezahlt hat sich das beispielsweise bei der Vorbereitung des Staatsbesuchs von Honecker im September 1987 in der Bundesrepublik. Wir übergaben jedem Mitglied unserer Delegation ein Dossier, in dem Strategie und Taktik der Verhandlungsführung der Bonner Seite dargestellt wurden. Lediglich zwei Minister, Außenhandelsminister Gerhard Beil und Außenminister Oskar Fischer bedankten sich dafür. Ich hatte auch bei anderer Gelegenheit den Eindruck, dass diese beiden Genossen unsere Arbeit schätzten und verwerteten. Auch in dieser Hinsicht unterschieden sich die beiden von anderen Mitgliedern der Partei- und Staatsführung der DDR.

Honecker meinte einmal, nach seinem Sturz, er habe von der Aufklärung nichts Neues oder nichts anderes erfahren, als das, was er schon aus der Westpresse gewusst habe. Wusste man auch in Moskau schon alles? Wie ging man dort mit den Nachrichten der HVA um? Gab es zwischen den Auslandsnachrichtendiensten der sozialistischen Staaten eine Art Informations- und Erfahrungsaustausch?

Den gab es. Wir trafen uns regelmäßig zu bi- oder multilateralen Gesprächen. Allerdings bemerkte ich da mitunter auch eigentümliche Dinge, etwa die Ressentiments, um nicht Distanz zu sagen, zwischen den polnischen und den sowjetischen Geheimdienstlern. Die Polen redeten sich auch untereinander nicht mit »Genosse«, sondern mit »Herr« an.

Es gab da eine Geschichte, die uns auch zu denken gab. Eine unserer Quellen in der Warschauer BRD-Botschaft informierte uns, dass sich ein polnischer Geheimdienstler dort angedient hatte. Markus Wolf und ich flogen sofort nach Warschau, um im Innenminsterium – wo der Nachrichtendienst eingebunden war – diesen Verratsfall zu erörtern. Das Gespräch verlief aus unserer Sicht unbefriedigend. Entweder wollten die Polen nichts unternehmen, oder es handelte sich um eine aktive Maßnahme, d. h. sie wollten einen ihrer Leute einschleusen. Wir erfuhren es nicht. Als ich später in Moskau war, trug ich diese Frage KGB-Chef Wladimir Krjutschkow vor, der mich zum für Polen zuständigen Abteilungsleiter der Aufklärung vermittelte. Der wusste von nichts.

Weil die Polen mit ihm nicht redeten?
So jedenfalls stellte sich das Ganze für uns dar …

Als Leiter der Abteilung II, der Sie seit 1976 waren, fiel auch der Fall Guillaume in Ihre Zuständigkeit. Die beiden Guillaumes waren von der II in den 50er Jahren übergesiedelt worden. Wann wurde er zu Ihrer persönlichen Angelegenheit?
Im Prinzip nie. Nach der Bundestagswahl 1969 rief mich Markus Wolf zu sich in sein Büro und erklärte mir, dass wir eine neue Quelle im Bundeskanzleramt hätten. Er erklärte mir, dass es sich um Günter Guillaume

handelte, der auf Empfehlung von Georg Leber Referent in der Abteilung Wirtschafts-, Finanz- und Sozialpolitik des Bundeskanzleramts geworden war. Ich wurde als zuständiger Abteilungsleiter lediglich ins Bild gesetzt, der Vorgang verblieb beim Chef.

Das war nichts Ungewöhnliches. Wechsel von persönlichen Zuständigkeiten innerhalb der HV A unterblieben in der Regel, weshalb man – rein formal betrachtet – den oder die Mitarbeiter, die den Vorgang unmittelbar führten und bearbeiteten, zu mir hätte versetzen müssen. Doch allein eine solche Versetzung wäre schon eine Information gewesen, zumindest hätte sie Fragen nach dem Warum aufgeworfen.

Aber als die beiden Guillaumes verhaftet worden waren, hatte sich die Geheimhaltung erübrigt. Dann hatten Sie die Aufgabe, die beiden freizubekommen.

Das war nicht nur mein Ansinnen. Ich hatte mich schon vor ihrer Verurteilung zu 13 bzw. acht Jahren Haft um ihre Freilassung bemüht. Beispielsweise nahm ich Kontakt zu Berthold Beitz auf. Der Vorstandsvorsitzende des Krupp-Konzerns, ein aufgeschlossener Wirtschaftsmanager, der vernunft- und nicht ideologiegesteuert war, gehörte überdies dem grenzüberschreitenden Internationalen Olympischen Komitee an. Außerdem war er, das bitte ich nicht abwertend zu verstehen, ein wenig sentimental: Er stammte aus einem Dorf bei Greifswald, wovon Jahre später der dortige Dom profitieren sollte. Wir fuhren einmal gemeinsam nach Zemmin, da entdeckte er im Garten seines Vaterhauses eine alte Handwasserpumpe. Er fragte, ob er das Erinnerungs-

Berthold Beitz war ein gern gesehener Gast, hier in Hubertus-
stock, links Staatssekretär Gerhard Beil, 1982

stück seiner Kindheit haben könne. Das MfS hat also
das verrostete Ding demontiert und nach Essen zur
Villa Hügel gebracht.
Ich traf mich mit Beitz im Prinzessinnenpalais Unter
den Linden zum Essen. Das Gespräch war über den
Vizeaußenhandelsminister Heinz Behrend arrangiert
worden.

Haben Sie sich als Offizier des MfS zu erkennen gegeben?
Ich habe mich unter meinem Namen und mit meinem Dienstgrad vorgestellt und die Bitte vorgetragen,
dass er sich bei Bundeskanzler Helmut Schmidt für die

Staatssekretär Alexander Schalck-Golodkowski im Urlaub in Bulgarien, 1985

beiden Guillaumes verwenden sollte. Haftverschonung, vielleicht sogar Häftlingsaustausch oder Abschiebung, sagte ich. Beitz versprach, in dieser Sache mit dem Bundeskanzler zu reden. Was er, wie wir aus verschiedenen Quellen wissen, auch tat.

Mit welchem Resultat?
Schmidt wies Beitz' Ansinnen mit dem Satz zurück, die beiden sollten ihre Strafe bis zum Schluss absitzen.

Meldeten das Ihre Quellen, oder wissen Sie das von Berthold Beitz selber?
Ich erfuhr es von ihm selbst. Er war Mitglied eines Kieler Yacht-Clubs und schipperte nach Stralsund, wo ich ihn erwartete. Mit dem Dienst-Lada fuhren wir landeinwärts und aßen in einem abgelegenen Gasthaus Bockwurst mit Kartoffelsalat. Dabei informierte er mich, dass Schmidt gegen einen Austausch sei.

Solche direkten Kontakte zwischen Persönlichkeiten aus der Bundesrepublik und der DDR waren keineswegs einmalig, wie die erstaunte Öffentlichkeit nach 1990 erfuhr. Allerdings konnten sich viele Westdeutsche plötzlich nicht mehr daran erinnern. Sie wollten, als die DDR in der Propaganda zum »Unrechtsstaat« mutiert war, nie mit Honecker und den anderen »Diktatoren« zusammengesessen haben. Die Amnesie dauert bei vielen unvermindert an. Also: Es gab ein ziemlich dichtes Personengeflecht, viele – auch namhafte – Unterhändler waren in deutsch-deutscher Angelegenheit unterwegs. Kam man sich da nicht ins Gehege?

Nein, überhaupt nicht, und wenn, hätte uns das nicht gehindert, unsere Arbeit zu machen. Eher war das Gegenteil der Fall. Wir wurden stets gebeten, Hintergrundinformationen zu liefern, gleich um wen es ging. Allerdings war das eine Einbahnstraße. Was beispielsweise Hermann Axen mit Egon Bahr besprach, erfuhren wir nicht, und was Alexander Schalck-Golodkowski mit Franz-Josef Strauß erörterte, erfuhren wir von Mielke nur scheibchenweise. Schalck unterstand dem Minister und berichtete nur diesem, und der reichte nur jene Passagen an uns weiter, von denen er der Auffassung war, sie wären für uns interessant.

Und Schalck selbst?
Wenn wir uns trafen, unterhielten wir uns freundlich, aber nie über seine Kontakte und Gespräche in der Bundesrepublik.

»Hast du das ernst gemeint?«

Wie verhielt es sich mit der Einheit von Abwehr und Aufklärung? Sie deuteten bereits an, dass es da gewisse Rivalitäten gab.

Ich sage mal so: Das Verhältnis gestaltete sich mitunter kompliziert. Der Minister und sein 1. Stellvertreter Bruno Beater waren nach meinem Eindruck der Auffassung, dass uns – die wir nachweislich keine Abwehrspezialisten waren – nicht hinlänglich die Gefahren bewusst waren, welchen wir durch den ständigen Kontakt mit dem Klassenfeind ausgesetzt waren. So entwickelte sich das Bestreben, die Aufklärung unter Kontrolle zu halten, weil man uns nicht zutraute, ausreichend wachsam zu sein. Das legte sich zwar später bei Mielke etwas, weil er mit unseren Leistungen glänzen konnte. Bruno Beater blieb uns gegenüber bis zu seinem Tode skeptisch bis misstrauisch. Das Verhältnis zwischen Markus Wolf und Bruno Beater war nicht das beste. Hanne Fruck vermittelte, er kam von der Abwehr, hatte deren Stallgeruch, und wurde darum immer zu Beater geschickt, wenn es etwas mit ihm zu besprechen gab. Dieses angespannte Verhältnis schlug natürlich auf Diensteinheiten der Abwehr durch. Die Zusammenarbeit mit der Hauptabteilung II, der Spionageabwehr, litt darunter, besonders unter ihrem letzten Leiter, Generalleutnant Günter Kratsch. Das hatte natürlich auch eine Vorgeschichte. Die HA II war anfänglich nicht nur für die Spionageabwehr in der DDR zuständig, sondern auch für die Aufklärung von BND, MAD und Verfassungsschutz. Damit waren die Genossen sichtlich überfordert, entsprechend spärlich waren die Resultate. Deshalb wurde, was ja auch nahelag, die Aufklärung mit der Bearbeitung der BRD-Geheimdienste beauftragt.

Dann desertierte Oberleutnant Werner Stiller 1979, weshalb wir wichtige Quellen prophylaktisch in die DDR zurückholen mussten. Nun war Stiller einer aus dem Sektor Wissenschaft und Technik, also ein Mann der Aufklärung, was den Argwohn mancher uns gegenüber zu bestätigen schien. In der Hauptabteilung II wurde eine neue Diensteinheit gebildet, die ausschließlich für die Bearbeitung der Aufklärung zuständig war. Hinzu kam noch: Die zwangsweise in die DDR zurückgeholten Quellen wurden von der Spionageabwehr nicht mit dem nötigen Fingerspitzengefühl behandelt, was dazu führte, dass zwei wieder in die Bundesrepublik zurückkehrten. Sie riskierten lieber die Strafverfolgung durch die BRD-Justiz, als sich der ständigen »Wachsamkeit« der HA II zu unterwerfen. Uns, also der HV A gelang es nicht, diese Menschen vor unseren eigenen Genossen hinreichend zu schützen. Irgendwann resignierten und kapitulierten wir.

Hingegen war die Zusammenarbeit mit der Hauptabteilung III frei von derlei Belastungen.

Wolfgang Schwanitz (Abwehr) und Werner Großmann (Aufklärung), ein entspannt-freundschaftliches Verhältnis, 2010

Wie gestalteten sich die Arbeitskontakte mit der Funkabwehr?

Eigentlich hätte sie zur HV A gehört, denn die vollständige Bezeichnung lautete Funkaufklärung und Funkabwehr, und sie lauschten vornehmlich im Ausland, wo wir unterwegs waren. Für Bruno Beater war es eine Prestigefrage, dass diese Diensteinheit in seinem Verantwortungsbereich verblieb.

Die HA III saß in der Berliner Wuhlheide, und von dort bekamen wir oft wichtige Informationen über Vorgänge, von denen die Genossen meinten, dass sie für die Aufklärung von Belang seien. Und unsere Anfragen wurden unkompliziert beantwortet. Natürlich haben wir auch sie über Vorgänge informiert, wenn wir meinten, dass diese für sie von Bedeutung wären. Als Wolfgang Schwanitz – zuvor zwölf Jahre lang Chef der Berliner Bezirksverwaltung des MfS – 1986 als Stellvertretender Minister für die III zuständig wurde, stellte er unsere Kooperation auf eine solide Basis.

Daraus schließe ich, dass die Zusammenarbeit mit der Postkontrolle, der Hauptabteilung IV, auch funktionierte. Fehlschluss. Die Kontakte waren dürftig. Hier galt, was auch in der Zusammenarbeit mit anderen Einheiten zu beobachten war: Nur wenn die Chefs miteinander konnten, funktionierte es. Bestanden Ressentiments und Vorurteile, knirschte es. Da die Beteiligten inzwischen tot sind, kann ich ja offen reden und es an einem Beispiel illustrieren:

Die Aufklärung stand insbesondere seit Stillers Flucht im Fokus der Abwehr. Wir hatten einen eigenen Kaderchef, der sowohl dem HVA-Chef als auch dem Leiter der Hauptabteilung Kader und Schulung des Ministeriums unterstand. Als der Posten bei uns neu besetzt werden musste, weil der Kaderleiter in Rente ging, schlugen Markus Wolf und ich als seinen Nachfolger Günter Neefe vor, der die Abteilung II bei uns leitete und im Zentralrat der FDJ, von dem er gekommen war, bereits als stellvertretender Kaderleiter ordentlich gearbeitet hatte. Der Berufung stimmte der große Kaderchef Günter Möller, der zuvor in der Spionageabwehr tätig gewesen ist, zu.

Neefe aber kam nicht klar, heute würde man das Mobbing nennen. Er wurde von Möller nicht ernst genommen und ziemlich fies behandelt. Nach einem Jahr wurde er von seiner Funktion entbunden und nach einem weiteren Jahr, soeben 60 geworden, in Rente geschickt.

Nun weiß ich, dass solche Reibereien und das Kompetenzgerangel typisch sind für hierarchisch strukturierte Unternehmen, insofern war das nichts Besonderes. Ärgerlich war es für die Beteiligten dennoch, weil wir alle davon überzeugt waren, an einem Strang ziehen zu müssen. Wir teilten die Überzeugungen und arbeiteten für ein gemeinsames Ziel, nämlich die DDR zu sichern und zu schützen. Aber wir waren keine Kampfmaschinen, sondern Menschen mit verschiedenen Charakteren und Eigenschaften. Die Unterschiede ließen sich mit Disziplin und Befehlen, mit Unter- und Einordnung nicht aus der Welt schaffen.

Das nicht, aber man konnte darauf Einfluss nehmen und das steuern.

Was auch geschah. Ich erinnere an die Anerkennungswelle zu Beginn der 70er Jahre. Plötzlich war die DDR gezwungen – was ein angenehmer Zwang war, denn dafür hatten wir schließlich länger als 20 Jahre gekämpft – in über 100 Staaten diplomatische Vertretungen zu etablieren. Diese mussten gesichert und beschützt werden, denn die diplomatische Anerkennung bedeutete doch nicht, dass das Gastland zum Freundesland geworden war. Botschaften waren und sind präferierte Ausspähobjekte von Geheimdiensten.

Die HV A wurde, da wir unsere »Pappenheimer« kannten, mit der Sicherung unserer Vertretungen beauftragt.

Wir besaßen darin weder Erfahrungen noch qualifiziertes Personal. Gotthold Schramm, damals Stellvertreter in unserer Abteilung IX (Gegenspionage im In- und Ausland und feindliche Dienste in der BRD) bekam diese Aufgabe übertragen. Selbst wenn wir alle Mitarbeiter dieser Abteilung permanent auf Dienstreisen rund um die Welt geschickt hätten, wären wir der Sache nicht Herr geworden. Darum erhielten wir aus der Arbeitsgruppe des Ministers, der AGM, personelle Verstärkung.

Der Leiter der Arbeitsgruppe, Heinz Stöcker, hat uns tatkräftig unterstützt. Ansonsten hätten wir den Auftrag nicht bewältigen können. Stöckers Mitarbeiter, die in unsere Abteilung IX versetzt wurden, hatten Erfahrungen darin, wie man Objekte sichert und schützt. Sie wurden als Mitarbeiter der HVA in den jeweiligen Auslandsvertretungen der DDR eingesetzt. Nach ihrem Auslandseinsatz kehrten sie in ihre Abwehreinheiten zurück. Hier haben wir sehr gute Erfahrungen in der Zusammenarbeit mit der Abwehr gemacht.

Hervorzuheben in diesem Kontext ist auch der Operativ-Technische Sektor (OTS), der von Günter Schmidt geleitet wurde. Diese Diensteinheit in der HVA war von Herbert Hentschke aufgebaut und bis 1968 auch geleitet worden. Im OTS wurden beispielsweise Reisedokumente hergestellt, die Kuriere, Instrukteure oder Kundschafter nutzten, wenn sie ins westliche Ausland reisten.

Das war also die Fälscherwerkstatt?
So würde ich das nicht bezeichnen. Die Originalvorlagen stammten aus der Bundesdruckerei in Berlin-

Von links nach rechts, bei einer öffentlichen Veranstaltung:
Oberst a. D. Gotthold Schramm, Generaloberst a. D. Werner
Großmann und Oberst a. D. Reinhard Grimmer, 2012

Kreuzberg. Dort hatten wir eine Quelle, die uns
Blanko-Dokumente besorgte. Als der sogenannte fäl-
schungssichere Personalausweis eingeführt wurde,
sagte Mielke zu mir: »Und jetzt? Was macht ihr nun?
Werden wir jetzt nicht mehr reisen können?« Nach einigen Wochen brachte ich ihm einen gefälschten fäl-
schungssicheren Personalausweis und sagte nicht ohne
Stolz: »Das können wir auch!«
Dafür hatten unsere Spezialisten vom Operativ-Tech-
nischen Sektor in der Roedernstraße in Hohenschön-
hausen gesorgt.

Warum nahm dennoch selbst der Minister die Aufklä-
rung nicht für voll? Ich hörte von anderen, dass er Sie, als
Sie bereits Chef der HVA und sein Stellvertreter waren,
bisweilen von oben herab behandelte.

Das stimmt ja leider. Wenn Mielke mich telefonisch
zu einer Leitungsrunde in sein Büro befahl, tat er dies
stets mit dem Zusatz: »Eigentlich geht's dich ja nichts
an, aber es kann ja nicht schaden, wenn du's hörst!« Er
wollte mir damit wohl sagen oder zeigen, wie viel ein
Stellvertretender Minister unter ihm wert war.

Fanden solche Leitungsrunden oft statt?
Genau kann ich das nicht sagen, weil ich nicht weiß, ob
ich zu allen eingeladen worden bin. Es gab keinen festen Rhythmus. Die Einladungen erfolgten eher spontan.

Wer nahm an diesen Sitzungen teil?
Die Stellvertretenden Minister, der Leiter der Hauptabteilung II, Günther Kratsch, und die persönlichen Mitarbeiter des Ministers.
Vorwiegend ging es bei solchen Runden um Abwehr-
und Kaderfragen wie Auszeichnung und Beförderung
leitender Mitarbeiter des Ministeriums. Mielke nutzte
dieses Gremium auch, um seine Meinung zu aktuellen politischen Vorgängen zu sagen. So hob er gegen
Ende der DDR des Öfteren hervor, dass die operative
Bearbeitung der Ausreiseanträge von DDR-Bürgern
nicht die Aufgabe des MfS sei. Vielmehr, und da hatte
er Recht, müsse dieses Problem politisch gelöst werden.
Ich erinnere mich in diesem Zusammenhang an die
letzten Parteiwahlen – das muss 1988 gewesen sein. Wir

Werner Großmann, 2016

Stellvertreter nahmen an den Bezirksdelegiertenkonferenzen teil, ich war in Karl-Marx-Stadt und Rostock. Mielke gab uns mit auf den Weg, wir sollten auf die 1. Sekretäre der SED-Bezirksleitungen einwirken, um die Flut der Ausreiseanträge durch die staatlichen Organe zu bearbeiten. Dafür sei nicht das MfS zuständig. Er hatte dieses Problem sehr klar erkannt.

Die Leute wollten doch nicht wegen der Staatssicherheit die DDR verlassen oder weil sie sich unterdrückt fühlten. Sie waren mit den Lebensumständen im weitesten Sinne unzufrieden – die Unzufriedenheit aber wurzelte in der Politik der Partei- und Staatsführung.

Mielke beklagte sich uns gegenüber zwar, dass man uns damit beauftragt hatte, doch ich glaube, dass er sich bei seinen wöchentlichen Vier-Augen-Gesprächen mit dem Generalsekretär mit seiner diesbezüglichen Kritik eher zurückhielt. Es änderte sich nämlich nichts.

Ich kann mich noch gut an eine Leitungsrunde Anfang 1989 erinnern, in der er die Frage stellte, ob wir meinten, dass er zurücktreten solle. Vielleicht war es ihm ernst damit, vielleicht war es nur eine rhetorische Frage, um sich durch Zustimmung die Stellung zu sichern. Ich war der Einzige, der seine Frage mit »Ja« beantwortete.

Wie reagierte Mielke darauf?

Gar nicht. Die Beratung ging normal weiter bis zum Ende. Aber kaum saß ich wieder in meinem Büro, läutete das Telefon. Er war dran. »Sage mal, hast du das eben ernst gemeint?«, erkundigte er sich. Ich bejahte. Er legte ohne vernehmbare Reaktion auf.

Deutschstunde

Sie sollen sich über das Protokoll Ihrer ersten Verneh-
mung mehr erregt haben als über Ihre Verhaftung?
Das ist insofern nicht ganz falsch, als ich mit meiner
Verhaftung gerechnet hatte. Ich wusste, dass seit dem
17. September ein Haftbefehl vorlag, und dieser wurde
bekanntlich am 3. Oktober vollstreckt. Dass ich damit
der erste Staatsdiener der DDR war, bei dem die bundesdeutschen Handschellen klickten, erfuhr ich erst
später. Man brachte mich zur Vernehmung zum Platz
der Luftbrücke in Tempelhof, wo die Ermittlungsbehör-
den saßen. Ich erklärte, dass ich mich nur zur Person,
aber nicht zur Sache äußern würde. Danach wurde mir
das Protokoll vorgelegt. Das wimmelte nur so vor or-
thografischen und grammatikalischen Fehlern. Offenbar hatten es die Beamten selber schreiben müssen, weil
die Sekretärin am Wochenende zu Hause war. Auch das
nahm ich als Beleg für die mehr als dilettantische Vorbereitung dieser Aktion.
Man steckte mich in eine Einzelzelle. Meine Zellen-
nachbarn waren Betrunkene, die zur Ausnüchterung
festgehalten wurden, Drogendealer und Prostituierte.
Am Montag flog man uns mit einem Hubschrauber
nach Karlsruhe, wo wir von einem Ermittlungsrichter
vernommen werden sollten.

Bernd Fischer und Werner Großmann, 2014

Wer ist »wir«?

Im Helikopter traf ich Bernd Fischer, den man als Zweiten verhaftet hatte. Bernd hatte im Auftrag des Zentralen Runden Tisches die HVA aufgelöst und war somit
so etwas wie mein Nachfolger. Seit 1987 hatte er die
Abteilung geleitet, die sich mit dem Staatsapparat der
Bundesrepublik Deutschland beschäftigte. Daher das
Interesse an seiner Person: Sie wollten unsere Quellen.
Friedrich Wolff, mein Anwalt, durfte nicht mitfliegen,
angeblich war für ihn kein Platz im Hubschrauber.

In Karlsruhe erwartete mich jedoch Dr. Gunter Widmaier, den ich nicht kannte. Friedrich Wolff hatte ihn
ersucht, mich zu vertreten. Das tat er auf Empfehlung

von Wolfgang Vogel, der von meiner Verhaftung im Radio gehört hatte und Widmaier als einen der profiliertesten Strafverteidiger der Bundesrepublik schätzte.

Was warf man Ihnen vor?
Im Haftbefehl lautete der Vorwurf »geheimdienstliche Agententätigkeit«, in der im Juni 1990 erhobenen Anklage des Berliner Kammergerichts hielt man mir und meinen Genossen »Landesverrat« vor. Mit mir auf der Anklagebank saßen Oberst a. D. Bernd Fischer als ehemaliger Leiter der Abteilung I, sein Stellvertreter Oberst a. d. Bernhard Schorm und Oberstleutnant a. D. Siegfried Kern, der in dieser Abteilung ein Referat geleitet hatte, sowie mein Stellvertreter Oberst a. D. Ralf-Peter Devaux.

Landesverrat? Welches Land sollten Sie verraten haben?
Das fragten wir uns auch. Die DDR, der wir treu gedient hatten und die nun untergegangen war, oder die Bundesrepublik, deren Bürger wir inzwischen waren? Dass diese wie andere Vorhaltungen reichlich absurd waren, schien auch dem Ermittlungsrichter Klaus Detter bewusst zu sein, weshalb er gleich zu Beginn der Befragung erklärte: »Herr Großmann, ich gehe davon aus, dass Sie zu Ihrer Tätigkeit nichts sagen werden.« Das verstand ich auch als Empfehlung für eine Verteidigungsstrategie.
Er hielt den Haftbefehl für überflüssig, weil er annahm, dass ich mich nicht durch Flucht der Justiz entziehen würde. Er wisse meine klare Haltung zu schätzen, ich hätte immer aus Überzeugung gehandelt, deshalb

wäre das eine sichere Sache. Der Bundesanwalt wollte mich dagegen aber in Untersuchungshaft sehen. Am Ende kamen sie überein, dass der Haftbefehl nur mit bestimmten Auflagen außer Vollzug zu setzen sei. Ich sollte mich wöchentlich einmal auf meinem Polizeirevier melden, das Land nicht verlassen und dergleichen mehr.

Widmaiers Kanzlei lag unweit des Bundesgerichtshofes. Er nahm mich mit, sein Büro besorgte ein Flugticket von Frankfurt nach Berlin. Zwar hatte man mich auf Staatskosten von Berlin nach Karlsruhe geflogen, doch wie ich wieder nach Hause gelangte, war meine Privatangelegenheit.

Wie erging es Ihren Kollegen von den Bruderorganen?
Dort wurden die Leiter ausgewechselt, der Nachrichtendienst umbenannt und umstrukturiert.

Aber Sie wurden nie verurteilt?
Nein, das war doch ziemlich dünnes Eis, auf dem sich die Anklage bewegte. In einem Grundsatzurteil entschied später der Bundesgerichtshof, dass die von uns ausgeübte Tätigkeit in Übereinstimmung mit den Gesetzen des Landes erfolgt war, auf das wir vereidigt worden waren, und in dieser Hinsicht unterschieden wir uns nicht von Geheimdiensten anderer Staaten. Wir wurden nicht zu Haftstrafen verurteilt, unsere Bestrafung erfolgte über die Rente.

Der Generalbundesanwalt stellte im Sommer 1995 das Verfahren gegen Sie ein, der Haftbefehl wurde aufgehoben und Sie erhielten die fünf Jahre zuvor beschlagnahmten Privatsachen wieder zurück. Sie kamen trotzdem in den Knast. Wie das?

Generalmajor a. D. Horst Vogel, der Leiter des Sektors Wissenschaft und Technik, und ich wurden als Zeugen zu einem Prozess geladen. Wir verweigerten die Aussage, weil wir die juristische Verfolgung unserer ehemaligen Mitarbeiter ablehnten und auch heute noch ablehnen. Darum wurden wir Ende November 1993 in Beugehaft genommen. Das ging ganz fix: Ohne Umweg ging es vom Verhandlungssaal im Berliner Landgericht direkt ins Gefängnis. Der Prozess, in dem wir hätten aussagen sollen, lief weiter. So wurden wir immer wieder in einer »Grünen Minna« zur Vernehmung ins Gericht gefahren. Man wollte wissen, ob wir es uns inzwischen anders überlegt hätten. Hatten wir nicht, und es ging zurück ins Gefängnis.

Vier Monate dauerte das Spiel, dann hatten wir den Staatsanwalt wohl davon überzeugt, dass auch Beugehaft kein Mittel ist, uns zum Reden zu bringen, und wir kamen wieder frei. Vier Monate, die ich in einer Einzelzelle verbrachte, nicht arbeiten durfte und in denen ich keinen Freigang bekommen hatte. Ich erhielt zwar Besuch von meiner Frau, meinen Kindern und von Freunden. Ja, und meinen Anwalt konnte ich empfangen.

Horst und ich verbrachten Weihnachten und Silvester in Haft. Wenn ich aus meinem Zellenfenster schaute, blickte ich auf einen großen, stattlichen Baum, der auf dem Hof stand. Zu Neujahr wurde er von Mitgefangenen mit Klopapierrollen beworfen. Das Papier hing als lange, graue Girlanden am Baum und flatterte im Winterwind. Das war ein skurriler Anblick.

Was wollte man von Ihnen wissen?
Wer Zugriff auf die »Schwarze Kasse« der HVA gehabt habe. Das Depot mit Bargeld in fremden Währungen fürs operative Geschäft hatte einst Hans Fruck eingerichtet, es wurde von der Abteilung Rückwärtige Dienste verwaltet. Die Devisen waren nun weg, und wir sollten sagen, wer alles darauf Zugriff hatte und wofür sie im Einzelnen ausgegeben worden waren. Selbst wenn wir es gewusst hätten, hätten wir dazu keine Auskunft gegeben, um keine Hinweise auf die Empfänger – etwa unsere Quellen im Westen – zu geben. Im Frühjahr 1994 ließ man uns laufen. Das Gericht war inzwischen zu der Auffassung gelangt, dass alle Geheimdienste auf der Welt »Schwarze Kassen« führten, um ihre Tätigkeit finanzieren zu können.

Selbst von einigen Leuten aus den eigenen Reihen sollen Sie bedrängt worden sein, sich kooperativ zu verhalten?
Wenn ich dies bestätige, entsteht der Eindruck, dass ich tapfer geschwiegen hätte, während andere weich wurden. Eine Unterscheidung in Tapfere und wenig Tapfere möchte ich nicht vornehmen, denn die Masse der Angehörigen des MfS wusste, dass die alte Regel auch nach 1990 gültig war: Der Gegner liebt den Verrat, nicht den Verräter. Und entsprechend verhielten sie sich auch. Aber es gab eben einige leitende Mitarbeiter, die sich der Illusion hingaben, mit einem blauen Auge davonzukommen und von einem vormals gegnerischen

Der Zeuge Werner Großmann, 1995

Dienst übernommen zu werden. Mich bat beispiels-
weise Innenminister Peter-Michael Diestel im Auftrag
des Geheimdienstkoordinators des Bundeskanzleramts,
Bernd Schmidbauer, meine starre Haltung aufzugeben.
Das käme, so Diestel, honorigen Persönlichkeiten des
MfS zugute – und dann nannte er einige Namen, zum
Beispiel die Generäle Möller und Kratsch.

*Solche Offerten an die Adresse der Abwehr wurden nicht
bekannt. Daraus schließe ich, dass sich das Interesse besonders auf die Aufklärung konzentrierte.*
Die Annahme ist begründet. Deshalb suchte ich beispielsweise Generalleutnant a. D. Günther Kratsch auf,
der bis zur Auflösung des Dienstes die Spionageabwehr,
also die HA II, geleitet hatte. Ich wollte mit ihm überlegen, wie sich der Druck auf uns etwa dadurch reduzieren ließe, indem wir öffentlich machten, auf welch mas-
sive Weise die gegnerischen Geheimdienste gegen die
DDR gearbeitet hatten. So sah es aus, als hätte nur die
HV A im Westen spioniert, während die BRD gänzlich
harmlos gewesen war und Westagenten eine Erfindung
der DDR-Propaganda seien. Die Nachrichtendienste
Ost wie West waren Teil der Systemauseinanderset-
zung, und daran sollten Abwehr und Aufklärung des
MfS gemeinsam erinnern. Die Spionageabwehr hatte in
den letzten Jahren 27 aktive Agenten aus dem Westen
enttarnt, wovon niemand etwas wusste.
Kratsch sagte Nein und wies mir die Tür.
Ich habe ihn dann nur noch einmal getroffen, bei Ver-
fassungsschutzpräsident Eckart Werthebach. Bei den
meisten seiner Fragen hob Kratsch abwehrend die

Hände: »Das dürfen Sie mich nicht fragen, dafür war Herr Großmann zuständig.«

War das eine persönliche Kontroverse oder lag das an dem von Ihnen bereits beschriebenen Spannungsverhältnis zwischen Abwehr und Aufklärung?
Sowohl als auch, wobei dem sogenannten subjektiven Faktor sicherlich die größere Bedeutung zuzumessen war. Exemplarisch für mich ist eine Anekdote nach der »Wende«. Der Büroleiter des Ministers, Generalmajor a. D. Hans Carlsohn, hatte einige MfS-Generäle in seine Wohnung in der Waldowstraße in Weißensee eingeladen. Ich fand mich dort ein. Dann kam Mielke, blieb im Türrahmen stehen und deutete auf mich: »Da ist ja auch der Mann von der anderen Fraktion!« Das war nicht einfach so dahingesagt oder ein sprachlicher Lapsus. Die Aufklärung war in seinem Denken kein organischer Bestandteil des Ministeriums, sondern die »andere Fraktion«.

Und wann waren Sie das nicht mehr? Irgendwann erfolgte doch, spät genug, der Schulterschluss?
Nachdem auch der Letzte begriffen hatte, dass man mit uns keinen Waffenstillstand schließen würde. Selbst Kratsch, der auf dem Münchner Oktoberfest sechs Maß stemmte, wozu ihm die Boulevardpresse applaudierte, nahm das mit einem gewissen Erschrecken zur Kenntnis, als er 1992 in U-Haft kam, wo man ihn zwölf Monate ohne Gerichtsverfahren schmoren ließ.
Resultat dieses Umdenkens war die Gründung der Gesellschaft zur Rechtlichen und Humanitären Unter-

stützung e. V., ein Zusammenschluss von Gleichge-
sinnten, die sich der kollektiven Verfolgung solidarisch
widersetzten. Ich schloss mich sofort an und habe die
Arbeit des Vereins von Anfang an unterstützt.

Theoretisch hatten wir zwar Bundespräsident Richard
von Weizsäcker auf unserer Seite, als dieser erklärte:
»Aus der leidvollen Geschichte der DDR ein Objekt für
Mediengeschäfte mit gekauften Akten und mit reißeri-
scher Verbreitung von Angst und Feindschaft zu machen, ist ein widerwärtiger Skandal. Es darf nicht sein,
dass die einen verdienen, die anderen verzweifeln.«
Aber es war nicht das erste und auch nicht das letzte
Wort des Bundespräsidenten, das ohne Folgen blieb.

Über Ross und Reiter

Mielke war 15 Jahre älter als Markus Wolf und noch im Dienst, als der HVA-Chef demissionierte. Wie empfanden Sie diesen Vorgang?

Markus Wolf bezog mich nach dem Tod seines Bruders 1982 mittelbar in die Arbeit an seinem Troika-Projekt mit ein. Konrad Wolf wollte einen Film über drei Emigrantenkinder drehen, die sich in Moskau anfreundeten und deren Wege sich nach dem Kriege trennten: Victor Fischer, Sohn eines amerikanischen Korrespondenten, Lothar Wloch und Konrad Wolf. Der eine kehrte in die USA zurück, Wolf wurde Filmregisseur in der DDR, Wloch Architekt in Westberlin. Mit dem Tod von Wloch 1975 endet diese Freundschaft, die trotz Kalten Krieges fortbestanden hatte. Mischa nannte das Buch im Untertitel »Geschichte eines nichtgedrehten Films«. Um sich ganz dieser Aufgabe widmen zu können, hatte Wolf mit 60 – das war 1983 – das gesetzlich gestützte Ansinnen vorgetragen, in Rente gehen zu wollen. Mielke lehnte das Gesuch brüsk mit der Bemerkung ab, Erich Honecker habe erklärt »Ein General verlässt seine Truppe nicht!« So zog sich Markus Wolf schrittweise aus dem Dienst zurück und übertrug mir peu à peu seine Verpflichtungen, bis dann 1986 offiziell die Dienstübergabe erfolgte und ich sein Nachfolger wurde.

Waren alle damit einverstanden?

Ja, bis auf Oberst Klaus Rösler, Leiter der Abteilung XII, die sich mit NATO und EG befasste. Er kam zu mir und erklärte, nachdem er mir zur Ernennung gratuliert hatte, dass er mich für nicht geeignet halte. Er meinte offen und ehrlich, dass meine Ernennung eine Fehlentscheidung gewesen sei. Er sagte allerdings nicht, weshalb er das so sehe und wen er stattdessen lieber auf diesem Stuhl gesehen hätte. Ich habe ihn allerdings auch nicht danach gefragt. Dennoch quittierte ich diese Aufrichtigkeit mit Dank und trug ihm das nicht nach.

Manchmal meinte ich, anfänglich auch ein wenig Skepsis bei einigen Mitarbeitern unserer Auswertungsabteilung zu spüren. Sie hielten sich für die Intellektuellen in der Aufklärung und die Kollegen in den operativen Abteilungen für Handwerker, solide und verlässlich, ordentliche Fachleute, aber eben keine Kopfarbeiter wie sie. Das war natürlich Unsinn, doch nicht zu ändern. Mit Oberst Werner Bierbaum, dem Leiter der Abteilung, hatte ich stets ein gutes Verhältnis.

Vielleicht gab es noch andere Kritiker, aber in der praktischen Arbeit habe ich davon nichts gespürt, und gesagt hat's mir auch keiner.

Das MfS einschließlich HVA war ein militärisch organisiertes Organ. Beim Militär werden solche Fragen nicht diskutiert.

Richtig, da galt der Befehl des Vorgesetzten, auch bei Personalentscheidungen. In meinem Falle erfolgte die Ernennung nicht bei Nacht und Nebel und überraschend. Wie schon gesagt zog sich Markus Wolf seit

Dr. Gabriele Gast (links neben Werner Großmann) arbeitete viele Jahre unerkannt in der BND-Zentrale in Pullach, hier bei einer Buchvorstellung in Berlin, Oktober 2015

Beginn der 80er Jahre schrittweise zurück, um die »Troika« zu schreiben, und überließ mir zunehmend das Tagesgeschäft.

Waren Sie bereits im »Tagesgeschäft«, als Bundeskanzler Helmut Schmidt im Dezember 1981 die DDR besuchte?
Kann man so sagen. Ich erhielt nach der Abreise Schmidts aus Güstrow einen Anruf vom Minister. Die Aufklärung hatte zuvor Honecker einiges Material zugeleitet, unter anderem sollte dieser auch den Fall Guillaume ansprechen, nachdem wir über Beitz nicht weitergekommen waren. Nun also kam die Rückmel-

dung per Telefon. Mielke sagte, das Thema habe im Gespräch der beiden eine Rolle gespielt, allerdings hatte es Schmidt angesprochen. Er gehe davon aus, dass das Bundeskanzleramt künftig von DDR-Spionen verschont werde. Ich fragte Mielke, ob Honecker das Gleiche von Schmidt gefordert habe, dass also der BND uns ebenfalls verschonen solle. Darauf Mielke: »Das weiß ich nicht.« Ich war verärgert und sagte nur kurz: »Dann interessiert mich das auch nicht.«

Was heißt das?
Dass die Aufklärung weiter das Bundeskanzleramt bearbeitet hat.

Aus einem solchen Anruf, und aus dem, was Sie bereits erzählten, lässt sich auf einen – ich sage mal: hemdsärmeligen – Führungsstil Mielkes schließen.
Vielleicht nicht »hemdsärmelig«, aber ungewöhnlich und gewöhnungsbedürftig durchaus. Der Minister legte mitunter einen unglaublichen Aktionismus an den Tag. Das wurde besonders deutlich beim Staatsbesuch Honeckers in der BRD. Mielke wollte als Erster darüber informiert werden, was wo geschah, welches Gespräch gerade im Gange oder abgeschlossen war und, und, und. Fortgesetzt rief er bei mir an. Er war regelrecht besessen von dem Wunsch, das Informationsmonopol zu besitzen. Doch ich musste ihm die Auskunft schuldig bleiben, denn für die Zeit des Staatsbesuches hatten wir – das war allein unsere Entscheidung – alle unsere Quellen abgeschaltet, um sie unter den Bedingungen der verschärften Sicherheitslage nicht auffliegen zu lassen.

Was tat ich also? Ich schaltete in meinem Büro die ARD ein und verfolgte die Übertragung im Fernsehen. Beim nächsten Anruf war ich auskunftsfähig. Mielke war zufrieden.

Woher kam dieser Drang, alles wissen zu wollen? War es nur Eitelkeit, um gegenüber dem Generalsekretär glänzen zu können?

Ja, sicher. Aber es war auch viel Misstrauen dabei. Mielke behielt sich eifersüchtig alle Kontakte zu Honecker vor. Zu Beginn unserer Tätigkeit als Nachrichtendienst war es ganz selbstverständlich, dass Markus Wolf direkt zu Walter Ulbricht ging, wenn er meinte, mit ihm etwas besprechen zu müssen.

Sie kamen beide aus dem Moskauer Exil, das verband.

Als Mielke 1957 Minister wurde, untersagte er Wolf dies. Keine solchen direkten Arbeitskontakte zum Ersten Sekretär mehr, lautete das Verdikt. Und als Mielke 1976, auf dem IX. Parteitag der SED, Mitglied des Politbüros geworden war, hob er völlig ab. Er versuchte uns alles vorzuschreiben: mit wem wir reden durften, was wir sagen und wie wir es vortragen sollten.

Ob das, was wir schriftlich formulierten und zur Weitergabe an Honecker dem Minister vorlegten, beim ersten Mann überhaupt ankam, erfuhren wir nie. Wir reichten unsere Informationen bei der ZAIG, der Zentralen Auswertungs- und Informationsgruppe, ein. Die zählte am Ende über 400 Mitarbeiter und unterstand dem Minister. Sie verfasste Informationen und schlug auch vor, an wen diese oder jene Information gehen sollte. Wir schlugen ebenfalls vor, wer unsere Informationen bekommen sollte, aber hatten keinen Einfluss darauf, wer sie bekam und ob unsere Vorschläge berücksichtigt wurden. Das war mitunter frustrierend, weil wir keinerlei Reaktionen auf unsere Arbeit erfuhren und auch nicht erlebten, dass mal eine Frage gestellt oder ein Kommentar abgegeben wurde. Wir arbeiteten quasi einer Blackbox zu.

Ganz zum Schluss erhielten wir einen Kommentar von Hermann Axen – jedenfalls ist das der einzige, der mir im Gedächtnis geblieben ist – auf eine Analyse über den Rückgang der Friedensbewegung in der BRD. Der Bericht widersprach dem positiven Bild, das er nach jedem Westkontakt im Politbüro zeichnete. Er schickte uns das Material mit einem Kommentar zurück. »Was soll der Quatsch?«, stand auf dem Deckblatt.

Ganz im Sinne von Christian Morgensterns Palmström: »›Weil‹, so schließt er messerscharf, / ›nicht sein kann, was nicht sein darf.‹«
Genau so.

Um noch einmal auf das Kontaktverbot zurückzukommen. Es wurde später bekannt, dass der Wirtschaftssekretär Günter Mittag stets nach dem Besuch der Hannover-Messe allein nach Bonn fuhr und dort im Bundeskanzleramt empfangen wurde. Darüber stand keine Zeile im Neuen Deutschland. *Wussten Sie etwas darüber?*
Nein. Mit wem er dort was besprach, war nicht bekannt.

Hermann Axen (rechts), links außen Michael Kohl, 1968

Auch nicht dem Minister?
Das weiß ich nicht, glaube aber nicht, dass er von Mittag darüber informiert worden ist. Er traf sich mit Honecker nach jeder Politbürositzung am Dienstag zum Vier-Augen-Gespräch. Was sie erörterten und verabredeten, werden wir nie erfahren. Das haben der Minister und der Generalsekretär mit ins Grab genommen.

Das Verhältnis zwischen dem MfS und dem Zentralkomitee der SED war insgesamt wohl schwierig und widersprüchlich?
Das ist nicht von der Hand zu weisen. Doch ich muss auch ausdrücklich feststellen: Wir haben uns stets als

ein Staatsorgan der DDR begriffen, das den Parteiauf-
trag hatte, für die Sicherheit des Landes zu sorgen.
Warum später Parteifunktionäre das MfS als »Staat
im Staate« bezeichneten, kann ich nicht nachvoll-
ziehen.

*Sie studierten mit Egon Krenz zur selben Zeit in Moskau,
wohnten, wie Sie sagten, ein Jahr lang Tür an Tür. Gibt es
seither eine persönliche Beziehung? Er war schließlich als
ZK-Sekretär für Sicherheitsfragen zuständig.*
Nein, die gab es nicht. Wir sahen uns nur bei offziellen
Anlässen, etwa wenn ich zu Honecker musste, weil ich
befördert wurde oder dergleichen. Ein paar Mal bin ich
ihm zufällig im ZK über den Weg gelaufen. Zwei oder
drei Mal wollte er etwas von mir wissen. Anders bei der
Abwehr. Generaloberst Rudi Mittig, Stellvertreter des
Ministers, erwähnte mir gegenüber, dass Egon Krenz
fast täglich bei ihm anrufe und etwas wissen wolle. Das
wird sicher übertrieben gewesen sein, und ich meine,
dass Krenz vielleicht auch deshalb Zurückhaltung übte,
weil er so hohen Respekt vor der Auslandsaufklärung
hatte und unsere Kreise nicht stören wollte. Aber auffällig war dieses Missverhältnis schon. Neben Bruno
Mahlow ist Egon Krenz das einzige Mitglied des Zentralkomitees, mit dem ich noch heute in Verbindung
stehe.

Hochgerüstete Unsicherheit

Arbeitete in der sowjetischen Aufklärung auch eine Abteilung, die nur für Deutschland zuständig war?
Es gab die IV. Abteilung, die für den deutschsprachigen Raum, also für die BRD, Österreich und die Schweiz zuständig war. Mit denen haben wir sehr eng zusammengearbeitet, uns intensiv über Arbeitsmethoden und technische Anwendungen ausgetauscht.

Haben sie auch die DDR mit konspirativen Mitteln und Methoden bearbeitet?
Sicher. Das ging bis in unseren Apparat. Sie hatten keine Mühe, Informationen abzuschöpfen, sie mussten auch niemanden werben. Es bestanden enge, freundschaftliche Beziehungen, über die viele Informationen unkontrolliert in Richtung Moskau abflossen.

Spezialisierten sich die anderen Aufklärungsdienste in vergleichbarer Weise?
In gewisser Hinsicht schon: Ungarn engagierte sich in Österreich, Polen in Großbritannien, da hatte schließlich einmal die polnische Exil-Regierung gesessen. Für die Türkei und Griechenland waren die Bulgaren zuständig. Die Zusammenarbeit mit den Bulgaren war exzellent. Dadurch war der südeuropäische Raum abgedeckt, wir

brauchten dort keinen weiteren Partner. Für uns war Rumänien eine Art Binnenland, von Bulgarien und der Sowjetunion umgeben und gleichsam eingeschlossen, mit einer kleinen Grenze zu Jugoslawien. Rumänien nutzten wir als Aufklärung allenfalls für Treffs.

Wenn die befreundeten Dienste sich trafen, spielte vermutlich die NATO-Frage eine zentrale Rolle?
Das war die zentrale Frage: Was kann die Gegenseite, und was hat sie vor? Ich kann mich noch gut an eine dienstliche Besprechung in Moskau Anfang der 80er Jahre erinnern. Wladimir Krjutschkow, seinerzeit Leiter der I. Hauptabteilung des KGB, also Chef der sowjetischen Aufklärung, wollte mir weismachen, dass der Dritte Weltkrieg unmittelbar bevorstehe. Wie er zu dieser Auffassung gelang war, die unseren Erkenntnissen widersprach, erläuterte er mir nicht. Er erklärte apodiktisch: Die NATO und besonders die USA planen atomare Angriffe gegen den Osten. Natürlich hing die NATO ständig der Illusion an, einen Atomkrieg führen und gewinnen zu können, aber auch dort saßen keine Selbstmörder. Sie wussten: Würden sie als Erste auf den Knopf drücken, würden sie als Zweite sterben. Ein nuklearer Enthauptungsschlag, der einen atomaren Gegenschlag unmöglich machen würde, war reine Theorie. Diese wechselseitige Erpressung nannte man damals das »Gleichgewicht des Schreckens«. Was es ja auch war. Beide Seiten verfügten über Nuklearpotentiale, die ausgereicht hätten, die Menschheit nicht nur einmal, sondern gleich mehrmals auszulöschen, was absurd war: Man kann bekanntlich nur ein Mal sterben. Die

Wladimir Krjutschkow (neben Werner Großmann) mit einer Delegation sowjetischer Aufklärer zu Besuch in Moritzburg, 1987. Links außen Bernd Fischer, Zweiter von rechts Gennadi Titow, bis Herbst 1989 Leiter der KGB-Vertretung in Berlin-Karlshorst, sein Nachfolger Anatolij Nowikow Fünfter von links. Rechts neben ihm Generalleutnant Georgij Gruschko, Stellvertreter Krjutschkows. Zwischen beiden im hellen Anzug Hardi Anders, Vize-Chef der Bezirksverwaltung Dresden des MfS

Gefahr nahm jedoch ständig zu, dass die Technik nicht nur aufgrund immer kürzerer Vorwarnzeiten die Steuerung übernimmt, d. h. durch eine Panne im System konnte es zum Atomkrieg kommen.

Nun gehörte die Provokation am Rande der Katastrophe zum NATO-Spiel. Die sowjetische Seite fürchtete nicht grundlos, dass zum Beispiel das NATO-Manöver »Able Archer« als Aufmarschbasis für einen solchen Angriff genutzt werden könnte.

Ja, da probte die NATO den atomaren Erstschlag, und die sowjetische Führung bereitete sich allen Ernstes darauf vor. Aktiv, nicht reaktiv. Und wir wissen, dass seit dem Überfall Hitlerdeutschlands auf die Sowjetunion 1941 die Militärdoktrin galt: So etwas darf sich nicht wiederholen! Sie wissen, was das bedeutete. Und außerdem erneuerte die NATO ihre Mittelstreckenraketen Pershing und stationierte ebenfalls Kernsprengköpfe tragende Cruise Missiles in Europa.

Moskau reagierte darauf mit der Aktion »RJaN«, das war die russische Abkürzung für Atomraketenangriff. Das Ziel bestand darin, alle verfügbaren Quellen – auch die der befreundeten Dienste – zu nutzen, um festzustellen, wann ein nuklearer Angriff der USA erfolgen soll, von wo und mit welchen Schlägen. Die Maßnahme hatte der damalige KGB-Chef Juri Andropow initiiert und mit Generalsekretär Leonid Breshnew abgestimmt.

So waren wir aufgefordert, ständig Informationen zu diesem Thema nach Moskau zu liefern. Irgendwann fragte mich Mielke, über dessen Schreibtisch die Informationen wie üblich liefen, ob es nicht mal was Neues zu berichten gäbe? Er lese seit langem immer wieder das Gleiche.

Die Informationen, die wir im Gegenzug aus Moskau bekamen, wurden ebenfalls immer redundanter. Wir wussten inzwischen, dass diese NATO-Manöver nicht genutzt werden sollten, um die sozialistischen Staaten anzugreifen. Uns lagen verlässliche Informationen vor. Aber die sowjetischen Genossen waren und blieben skeptisch, obwohl unsere Quellen, vom Bundeskanzleramt über den BND bis hin zur NATO-Zentrale selbst, stets ein umfassendes Lagebild lieferten. Wir hörten gleichsam die Flöhe westlich der Elbe husten.

Wir wollten das ganze »RJaN«-Projekt ad acta legen. Gelegenheit dazu bot ein Arbeitsbesuch von Krjutschkow in Berlin. Es muss im Jahr 1987 gewesen sein. Ich habe mit Mielke abgesprochen, den sowjetischen Genossen auf das Thema anzusprechen und Moskau vorzuschlagen, nur noch dann zu informieren, wenn es wirklich etwas Neues zu berichten gäbe. Doch ich fand bei ihm kein Gehör. Krjutschkow war zwar verwundert, dass aus seinem Hause immer weniger zu uns gelangte, wie ich ihm sagte. Doch nach seiner Rückkehr in Moskau beendete er »RJaN« nicht, sondern intensivierte die Arbeit.

Irgendwie verstehe ich die Russen. Sie waren wachsam. Vielleicht ein wenig übertrieben, aber nicht grundlos. Sie hatten in der Vergangenheit blutiges Lehrgeld gezahlt.

Natürlich waren mir die Zusammenhänge bewusst, und über sowjetisches Sicherheitsdenken werde ich mich nie mokieren, dazu habe ich als Deutscher auch kein recht. Aber unsere Aufgabe bestand darin, die Absichten des Gegners aufzuklären. Und das haben wir gemacht. Sachlich, nüchtern, professionell eben. Und aus den Fakten wurden emotionslos Schlüsse gezogen. Und wenn diese die bisherige Annahme widerlegten, war entsprechend zu handeln. Wenn wir feststellten, dass nicht ein einziger Fisch im Teich ist, muss man den Anglern am Ufer vorschlagen, die Ruten einzupacken. Es wäre töricht, der trotzigen Vermutung eines Petrijüngers zu folgen: Und wenn doch …?

Rainer Rupp (»Topas«) arbeitete im NATO-Hauptquartier in
Brüssel für die HVA und hier als Mikrofonhalter, 2011

Ich kann mich erinnern: 1987 oder 1988 lieferte Rainer
Rupp eine ganz wichtige, wenn nicht sogar die wichtigste Information seiner Kundschaftertätigkeit überhaupt. Es handelte sich um die Erkenntnisse der NATO
über Ausrüstung, Einsatzbereitschaft und Gruppierung
der Armeen des Warschauer Vertrages. Ich bin mit lau-
tem Hurra sofort zu Mielke gelaufen. Denn wenn die
Gegenseite unsere Stärke und Optionen kannte, wusste
sie folglich auch, dass wir weder eine Aggression oder
einen Angriff planten noch dazu in der Lage waren.

Und wir kannten wiederum unsere Schwachstellen, an denen sie ansetzen würden.

Eine Schwachstelle war die Spionageabwehr?
Offenkundig. Die NATO musste Quellen in unserem Bündnis haben, auch wenn nicht erkennbar war, woher genau sie ihr Wissen hatten.
Mielke rief in meiner Gegenwart umgehend in Karlshorst an und bat um einen Besuch, er habe Wichtiges zu übergeben.

Das Ziel der Gegenseite war die Auslöschung des Sozialismus, nicht der Welt. Das Gleichgewicht des Schreckens sicherte den Frieden dadurch, dass es militärische Abenteuer verhinderte. Aber der Rüstungswettlauf führte zum gleichen Resultat: Die Sowjetunion, die jede neue Runde der Hochrüstung mitmachte, ging ökonomisch in die Knie. Sie hatte sich totrüsten lassen. Trotz Aufklärung durch die Dienste.
Das waren politische Entscheidungen. Auslandsnachrichtendienste wie die HVA lieferten nur Informationen, klärten den Gegner und dessen Absichten auf. Die Entscheidung, ob und wie diese Informationen in der praktischen Politik verwandt und berücksichtigt wurden, trafen nicht wir.

Sie werden gewiss auch die Folgen der Hochrüstung in der Sowjetunion gesehen haben?
Natürlich. Wir wussten, dass die innere und die äußere Sicherheit in einem Zusammenhang standen. Die innere Sicherheit war (und ist) objektiv bedroht, wenn

sich die Lebenslage der meisten Menschen dramatisch verschlechtert. Und wir wussten ferner, dass das sozialistische Lager ohne stabile Sowjetunion in größter Gefahr war. Aber unsere Freunde in Moskau haben uns stets beruhigt: Wir haben die Sache im Griff! Es gibt zwar das eine oder andere Problem, aber das stellt keine Gefahr für uns dar. Unser letztes Treffen mit den Spitzen des KGB fand 1987 in Moskau statt. Mielke nahm mich mit, weil die sowjetische Seite es wünschte. Bei den Begegnungen stellten wir unseren sowjetischen Gesprächspartnern – KGB-Chef Wiktor Tschebrikow, Waldimir Krjutschkow, damals noch Leiter der Aufklärung, er wurde erst im Oktober Tschebrikows Nachfolger, und auch Generalsekretär Gorbatschow – Fragen zur aktuellen Innenpolitik. Wir meldeten Bedenken an, dass Glasnost und Perestroika eher zur Verunsicherung denn zur Sicherheit beitrügen und wünschten Auskünfte, wie sie die Lage im Lande einschätzten.

Unsere Bedenken wurden pauschal zurückgewiesen. Alles sei in Ordnung, sagte man auch hier. Und forderte die DDR, insbesondere unsere Aufklärung, zu stärkerem Engagement auf. Krjutschkow, der sich bekanntlich sehr in Afghanistan engagierte, forderte uns auf, die DDR-Botschaft in Kabul für die Aufklärung zu nutzen, mit anderen Worten: das Land am Hindukusch zu unserem Operationsgebiet zu machen.

Mielke, und in solchen Momenten schätzte ich ihn, fragte mich laut und vernehmlich: »Willst du dahin?«

»Nein«, antwortete ich, »kein Interesse«.

Damit war die Sache vom Tisch.

Wolodja Budachin, von 1981 bis 1987 Chefverbindungsoffizier
der sowjetischen Aufklärung in Karlshorst

Ich gehe davon aus, dass es auch in der Botschaft in Kabul eine legal abgedeckte Residentur gab, also einen Mitarbeiter der Abteilung III der HVA.

Eben darum wussten wir über die Lage in Afghanistan Bescheid und uns war klar, dass jedes Engagement sinnlos war. In diesem Chaos konnten wir beim besten Willen nichts bewirken. Das war den Freunden, die dort seit 1980 Krieg führten, auch bewusst. Eigentlich stand der Rückzug schon lange auf der Tagesordnung, nicht die Ausweitung des Einsatzes.

Ende der 80er Jahre kam der Chef der afghanischen Aufklärung nach Berlin. Sein Besuch galt allerdings nicht uns, sondern den sowjetischen Freunden in Karlshorst. Natürlich haben wir ihn ebenfalls empfangen. Wir hatten ihn in unserem Gästehaus in Karolinenhof untergebracht, und er schwärmte dafür. Die afghanische Aufklärung besäße ein ähnlich schönes Anwesen in den Bergen bei Kabul. Nur leider könnten sie es zurzeit nicht nutzen, es sei in den Händen der Taliban … Diese Nachricht irritierte mich weit weniger als der Umstand, dass er während unserer Unterhaltung unablässig die 99 Perlen seiner Misbaha, der islamischen Gebetskette, durch die Finger gleiten ließ.

Wenn sich die sowjetischen Partner schon nicht in ihre innenpolitischen Karten schauen ließen, konnte man nicht auf anderen Wegen Informationen über die innere Verfasstheit der Sowjetgesellschaft erlangen? Sie waren doch bei der Aufklärung.

Versuchten wir doch auch. Als Markus Wolf schon nicht mehr bei uns war, nutzte er seine Kanäle. Er informierte uns darüber regelmäßig. Gemeinsam mit Werner Prosetzky, meinem Stellvertreter, konsultierte ich in einer konspirativen Wohnung Bruno Mahlow.

Bruno Brunowitsch Mahlow, ein Vertrauter im ZK-Apparat

Bruno Brunowitsch war in der Sowjetunion geboren und aufgewachsen, seit 1973 leitete er als Stellvertreter die Abteilung Internationale Beziehungen im ZK und gehörte zudem der Außenpolitischen Kommission des Politbüros an. Zu den Krim-Treffen mit Breshnew hatte er Honecker begleitet und die Vier-Augen-Gespräche gedolmetscht. Bruno war wie wir über die Lage in der Sowjetunion und das schlechte Verhältnis von Gorbatschow und Honecker beunruhigt.

Das Bedrückende an diesem Zustand war weniger die Tatsache, dass die Spitzenleute miteinander nicht klarkamen, sondern dass auf wichtigen ökonomischen Gebieten nichts mehr zusammenlief. Bruno war Insider, vermochte aber an der Situation nichts zu ändern.

Sie betonten mehrmals, dass Ihr persönliches Verhält-
nis zur sowjetischen Aufklärung, ob in Moskau oder in
Karlshorst, immer offen, freundschaftlich und herzlich
gewesen sei ...

Doch auch mir haben sie nicht alles erzählt, was sie wussten oder befürchteten.

Im Herbst 1989, als alles auf des Messers Schneide stand,
blieben die Einheiten der Sowjetarmee, die in der DDR
stationiert waren, in den Kasernen. Egon Krenz berich-
tete, er habe mit Hilfe von Fritz Streletz Wünsdorf veran-
lasst, die traditionellen Herbstmanöver auszusetzen. Ist
das der Grund, weshalb die sowjetischen Truppen 1989
in ihren Kasernen blieben?

Im Sommer 1989 war Mischa Wolf bei einem Verwand-
tenbesuch in Moskau. Er führte auch ein Gespräch mit
Walentin Falin, dem Leiter der Internationalen Abteilung des ZK der KPdSU. Falin gehörte zu Beginn der
50er Jahre dem Stab der Sowjetischen Kontrollkom-
mission in Deutschland an, in den 70er Jahren war er
Botschafter in Bonn. Falin kannte die Verhältnisse in
Deutschland sehr gut und stand Gorbatschow beratend
zur Seite. Er sagte zu Wolf, und der berichtete uns darüber unmittelbar nach seiner Rückkehr in Berlin: »Sollte
es bei euch zu Unruhen kommen, bleiben unsere Panzer diesmal in den Kasernen!« Damit spielte er auf den
17. Juni 1953 an.

Einige Zeit später suchte mich Anatoli Nowikow, Leiter
des KGB in der DDR, in meinem Büro auf. Das war
nichts Besonderes. Wir trafen uns regelmäßig und
tauschten uns aus. Dieses Mal erklärte auch er mir

unvermittelt, ohne dass ich ihn danach gefragt hätte: »Nehmt bitte zur Kenntnis, dass unsere Truppen im Falle offener Unruhen nicht ausrücken werden!«

Das sagte er nicht so daher. Das war eine gezielte Nachricht, die auf diesem inoffiziellen Weg in das politische System der DDR eingespeist werden sollte. Das war keine Verlautbarung, keine Weisung und schon gar kein Befehl, sondern eine politische Orientierung. Wenn Fritz Streletz als Sekretär des Nationalen Verteidigungsrates eine solche Bitte in Wünsdorf vorgetragen hat, mag dies gewiss zutreffen. Aber war es doch eher so, dass die Truppen keinen Befehl brauchten, um in den Kasernen zu bleiben. Sie hätten einen Befehl zum Ausrücken benötigt! Und den bekamen sie aus Moskau nicht, wie bereits Falin und Nowikow mitgeteilt hatten. Ich würde nicht einmal ausschließen wollen, dass Gorbatschow es Honecker bei seinem Besuch zum 40. Jahrestag der DDR selbst gesagt hat, dass sich die Sowjetarmee passiv verhalten werde.

Gorbatschow wähnte offenkundig alle Messen für die DDR bereits gesungen. Wann war Ihnen klar, dass das MfS und die HVA keine Zukunft mehr haben würden?

Das kann man nicht an einem bestimmten Tag festmachen, es war ein Prozess, der sich über Wochen und Monate hinzog. Eine wesentliche Zäsur markierte Mielkes Rede vor der Volkskammer am 13. November 1989.

Durch die Rede des Ministers fühlten wir uns nicht nur schlecht vertreten, sondern der Lächerlichkeit preisgegeben. Das haben wir ihm anschließend sehr deutlich gesagt. Doch Mielke hat uns nicht verstanden, er fand seinen öffentlichen Auftritt völlig in Ordnung.

Ganz gegen sonstige Gepflogenheit hörte er sich im Kollegium die Kritik der HV A an seiner Volkskammer-rede, die ich vortrug, ruhig an und polterte nicht sofort los. Er nahm die Kritik zwar nicht an, weil er sie nicht verstand, aber er schoss nicht zurück, wie wir es seit Jahrzehnten gewohnt waren. Das wertete ich als Indiz dafür, dass das Ministerium, so wie es 34 Jahre bestanden hatte, nunmehr nicht mehr dasselbe war.

Hans Modrow war an jenem Tag auch mit der Regierungsbildung beauftragt worden, unser Minister – inzwischen jenseits der 80 – war eine Woche zuvor mit der Stoph-Regierung zurückgetreten und stand nicht mehr zur Verfügung. Außerdem gab es kein Ministerium für Staatssicherheit mehr. An seine Stelle sollte ein Amt für Nationale Sicherheit (AfNS) mit einem eigenständigen Auslandsnachrichtendienst treten.

Nach dem Sonderparteitag der SED Anfang Dezember 1989 lud mich der neue Parteivorsitzende zu einem Gespräch ins einstige ZK-Gebäude. Wie früher fuhr ich mit dem Paternoster in die 2. Etage. Gregor Gysi empfing mich nicht in Honeckers Arbeitszimmer, er hatte sich mit Bedacht ein anderes Büro gewählt.

Zunächst versicherte er mir, dass die DDR als Staat weiter bestehen werde und wie jeder andere Staat auch eine Auslandsaufklärung brauche, die Existenz des Dienstes sei gesichert.

Ich fragte ihn, an welchen Informationen aus der Bundesrepublik er besonderes Interesse habe. Ihn interessiere alles, was wir über die SPD hätten, sagte er.

Ich schickte ihm entsprechendes Material zu.

Am 7. Dezember kam erstmals der Runde Tisch zusammen. Und der beauftragte die Modrow-Regierung, das Amt für Nationale Sicherheit aufzulösen.

Das Ende des Dienstes bewegte sich jenseits meiner Vorstellungskraft, zumal ich – wie Gysi – von der Fortexistenz des Staates DDR ausging, der eine Auslandsaufklärung benötigen würde. Es gab viel Hoffnung, aber auch viele Illusionen. Ich war der Meinung, die ich auch bei jeder Unterredung vertrat, dass es sinnvoll sei, die HV A in die Militäraufklärung der NVA zu überführen. Doch Oberst Manfred Zeise, der inzwischen die Militärabwehr leitete, wollte von einer solchen Idee nichts wissen.

Es handelte sich ohnehin nur um ein Gedankenspiel, denn der Zentrale Runde Tisch forderte die vollständige Auflösung.

Nachdem die Büros des MfS in der Berliner Ruschestraße am 15. Januar 1990 gestürmt und verwüstet worden waren, fasste die Modrow-Regierung am 8. Februar den Beschluss, ein »Komitee zur Auflösung des ehemaligen MfS/AfNS« einzusetzen. Am 20. Februar erhielt diese DDR-Regierung von der Arbeitsgruppe Sicherheit des Runden Tisches den Auftrag, das MfS/AfNS ersatzlos aufzulösen. Der Aufklärung wurde Zeit bis zum Juli 1990 eingeräumt, uns selbst aus der Welt zu schaffen. Diese Aufgabe übernahm Bernd Fischer, seine Arbeitsgruppe zählte 250 Mitarbeiter.

Was machte diese Arbeitsgruppe konkret?
Noch vorhandene Unterlagen und das zerschredderte Material mussten ausgelagert und endgültig vernichtet,

Oberst a. D. Bernd Fischer löste die Hauptverwaltung Aufklärung 1990 auf, er war faktisch deren letzter Chef, 2014

Kundschafter im Operationsgebiet, Offiziere im besonderen Einsatz und Inoffizielle Mitarbeiter abgeschaltet und von ihren Verpflichtungen entbunden werden. Dienstgebäude, konspirative Objekte, technische Ausrüstungen waren an vorgegebene Institutionen zu übergeben. Wir übergaben 45 Meter Akten über die Tätigkeit der HVA an das Komitee. Die Papiere waren von allen Diensteinheiten zensiert worden und enthielten keine konkreten Hinweise auf Kundschafter und IM. Das Komitee archivierte die Unterlagen. Die gesamte HVA-Kartei in der Zentralregistratur des MfS wurde gelöscht, um zu gewährleisten, dass viele tausend DDR-Bürger, die aus politischer Überzeugung für die HV A gearbeitet hatten, unentdeckt blieben. Sie sind es bis heute geblieben.

Wann war Ihr letzter Arbeitstag?
Am 31. März 1990. Anfang des Monats war ich 61 geworden und nunmehr arbeitslos. Ich hatte überhaupt keine Idee, was ich nun machen sollte. In meinen alten Beruf als Maurer konnte ich in diesem Alter schlecht zurückkehren. Also wechselten meine Frau und ich in den Vorruhestand. Doch die Rente war niedrig und lag unter dem Arbeitslosengeld.

Sie schrieben einmal, dass das MfS keine Lobby hatte.
Das war auch so. Schlimmer noch: Wir wurden stellvertretend für andere Institutionen zum Prügelknaben erklärt. Es gab darüber eine interne Verständigung, wer für den Niedergang der DDR verantwortlich gemacht werden sollte und wie die Partei zu retten sei. Die fünf Teilnehmer einer solchen Runde sind bekannt, einer war Markus Wolf, von dem ich dies auch erfuhr. Er habe gegen den Vorschlag protestiert, das Ministerium vors Loch zu schieben, worauf es hieß, man könne ja die Aufklärung davon ausnehmen. Trotzdem blieb es eine Sauerei, weil Ursache und Wirkung, Ross und Reiter vertauscht wurden. Wir waren Schild und Schwert der Partei, nicht die SED das Instrument des MfS. Nicht die Partei handelte im Auftrag des MfS, sondern das MfS im Auftrag der Partei. Das galt für alle Diensteinheiten der Abwehr wie der Aufklärung.

Ich höre eine gewisse Verbitterung heraus.

Bin ich auch. Ich gehörte der Partei über vier Jahrzehnte an, die längste Zeit meines Lebens bis dahin. Aus der gleichen festen Überzeugung arbeitete ich fast ebenso lang für diesen Staat, engagiert, selbstlos und motiviert wie andere auch. Wir wollten gemeinsam eine bessere Gesellschaft schaffen, jeder an seinem Platze. Nach meiner Entlassung aus dem Dienst besuchte ich eine Versammlung der Basisorganisation der PDS in meinem Wohngebiet. Da wurde mir erklärt, dass ich mich doch bitte von der Partei fernhalten solle, weil ich für sie eine Belastung darstelle. Diesen Hinweis habe ich seitdem, allerdings mit immer weniger Wehmut, berücksichtigt.

Aber nicht nur die ehemals »eigenen« Genossen ließen Sie und Ihresgleichen hängen. Auch die Genossen in Moskau zeigten sich nicht unbedingt solidarisch. Und damit meine ich nicht die Annahme Gorbatschows, dass die Bundesrepublik sich fair gegenüber den Amtsträgern der untergegangenen DDR verhalten werde. Es traf ja nicht nur Ehemalige aus dem MfS, sondern auch Funktionäre der SED, Staatsbedienstete, Wissenschaftler, Künstler ...

Ich rede jetzt für uns. Wir hatten erwartet, dass das KGB unsere Kundschafter und deren Führungsoffiziere vor Verfolgung schützen würde, schließlich hatte Moskau von unserer Arbeit profitiert. In seinen Memoiren schrieb Armeegeneral a. D. Krjutschkow von »Dutzenden Milliarden Dollar«, die die von uns gelieferten Informationen wert gewesen seien. »Ganze Zweige der Industrie und der Wissenschaft wurden in hohem

Maße auf Grund der Anstrengungen unserer deutschen Freunde im Bereich der Aufklärung weiterentwickelt. Uns wurden unentgeltlich im Rahmen der Zusammenarbeit Ergebnisse der Grundlagenforschung, neueste Technologien und Muster technischer Neuentwicklungen zur Verfügung gestellt.«

Anfang 1990 war ich bei Krjutschkow, KGB-Chef und Mitglied von Gorbatschows Politbüro, in Moskau. Gewohnt zuvorkommend begleitete Krjutschkow meine Frau und mich zum Flughafen Scheremetjewo. Da wir noch Zeit hatten, tranken wir eine Tasse Kaffee. Als wir uns verabschiedeten, bekräftigte er noch einmal: »Macht euch keine Sorgen, es ist alles abgesprochen mit der bundesdeutschen Seite.« Ich glaubte Krjutschkow, schließlich kannte ich ihn gut genug, um zu wissen, dass er mich nicht belügen würde.

Ich gehe davon aus, dass das KGB das Problem Gorbatschow vorgetragen hatte und erwartete, dass es bei den 4+2-Verhandlungen oder mit Kanzler Kohl beziehungsweise Außenminister Genscher geklärt werden würde. Offenkundig geschah das nicht. Und es erklärt, weshalb der 2007 verstorbene Krjutschkow in seinem Vorwort zur 2. Auflage meines Buchs »Bonn im Blick« Gorbatschow einen Verräter nannte.

Werner Weidenfeld und Horst Teltschik, beide Kohl-Berater in den 80er und 90er Jahren, behaupten, es habe Ende September 1990 einen geharnischten Brief von Gorbatschow an Kohl gegeben, in dem er gefordert habe, die Verfolgung der Staats- und Parteifunktionäre der DDR einzustellen.

Kohl soll den Brief als Einmischung in innerdeutsche Angelegenheiten zurückgewiesen haben. Wie die Praxis zeigt, hat es Präsident Gorbatschow dabei bewenden lassen. Von Krjutschkow selbst weiß ich auch, dass er dieses Problem mit dem damaligen Bundesinnenminister Wolfgang Schäuble besprochen und Schäuble Straffreiheit ohne juristische Verfolgung zugesichert habe. Aber da hatte er wohl die Rechnung ohne die SPD gemacht, die es verhinderte.

Die SPD hatte im Bundestag einen entsprechenden Gesetzentwurf nicht passieren lassen. Was bewog die SPD zu dieser Handlungsweise?

Diese Frage habe ich auch Egon Bahr gestellt, als wir uns auf seine Bitte hin in der Kanzlei von Rechtsanwalt Peter-Michael Diestel trafen. Er wollte von mir Auskunft, ob wir in seinem Büro eine Quelle gehabt hätten, die irgendwann hochgehen könnte. Ich fragte ihn also, weshalb es keine Regelung einer Straffreiheit nach der »Wiedervereinigung« gegeben habe. Da sagte Bahr nur: »Das haben wir vergessen.«

Das war eine Ausrede, und dazu eine ziemlich dämliche. Ich glaube, das Verhalten der Sozialdemokraten war Ausdruck des anhaltenden Umuts über die Vereinigung von KPD und SPD in der sowjetischen Besatzungszone, die sie als »Zwangsvereinigung« diffamieren. Sie wollen nicht wahrhaben, dass es sowohl in der Ost- als auch in den Westzonen Einheitsbestrebungen gab. Die Genossen wollten den Bruderzwist und auch die Spaltung der Arbeiterbewegung beenden. Nicht die Kommunisten hatten sie verursacht, sondern die rechte

SPD-Führung mit ihrer Burgfriedenspolitik 1914, als sie sich in das Lager der Kriegsparteien flüchtete, um endlich von der herrschenden Klasse anerkannt zu werden. Dieser auch nach 1945 von rechten SPD-Führern geschürte Antikommunismus machte uns sehr zu schaffen. Es sei nur an die nachrichtendienstliche Tätigkeit des sogenannten »Ost-Büros der SPD« erinnert. Das war ein 25 Jahre lang gegen die DDR arbeitender Nachrichtendienst unter dem Deckmantel der Sozialdemokratie, den die Staatssicherheit natürlich bearbeitet und energisch verfolgt hatte. Das aber vergaßen sie uns nie.

Nach 1990 wurden – weil man »vergessen« hatte, ein entsprechendes Gesetz zu beschließen – Kundschafter und Mitarbeiter des MfS auf Grundlage der sogenannten Rosenholz-Dateien verhaftet. Sie hatten einmal erklärt, dass Sie nicht wissen, wie die Unterlagen in den Westen gekommen sind. Gibt es inzwischen neue Erkenntnisse?
Nein. Es gibt bis heute, jedenfalls für mich, keine neuen Erkenntnisse darüber, wie diese Dateien in den Besitz der CIA gelangt sind. Ich meine, dass dies nicht mit der Auflösung unseres Dienstes im Zusammenhang steht. Was die Amerikaner besitzen, ist nämlich nicht die letzte Fassung, sondern die von 1988. Am Ende eines Jahres wurde aktualisiert, also auch 1989. Das waren 381 elektronische Datenträger, also damals Disketten.
Die 88er Fassung befand sich bei der Auflösung der HV A nicht mehr in unserem Haus, ich erhielt die Meldung über ihre Vernichtung. Will heißen: Die sogenannte »Rosenholz-Datei« muss schon früher beiseite geschafft worden sein.

Wer meldete den Vollzug der Vernichtung?

Der Stab der HV A. Innerhalb dieser Stabsabteilung gab es ein Referat Registratur, das solche Akten und Dateien in einem Stahlschrank aufbewahrte. Und wenn ich »Stahlschrank« sage, meine ich auch Stahlschrank. Das war keine solche Blechbüchse, aus der sich Stiller 1979 bedient hatte.

Lässt sich der Personenkreis eingrenzen, der Zugriff auf den Stahlschrank hatte?

Sicher. Doch da ich zu diesem Vorgang nichts Genaues sagen kann, beteilige ich mich auch nicht an Mutmaßungen und Spekulationen.

Weil es sich um eine ältere Fassung der Datei handelte, nimmt man an, dass sie über die KGB-Residentur in Karlshorst bereits 1988 via Moskau in den Westen gelangt sein könnte.

Halte ich für abwegig. Zunächst: Solche Dokumente gingen grundsätzlich nicht an unsere Partner. Dann werden immer zwei Namen genannt: Prinzipalow und Sjubenko. Die beiden sollen die Dateien an die CIA verkauft haben. Ich kannte vor allem Alexander Prinzipalow gut und kann mir nicht vorstellen, dass er mit Informationen gehandelt hat. Seltsamerweise waren beide bereits tot, als ihre Namen in diesem Zusammenhang durch die Medien geisterten. Sie konnten nicht mehr gefragt werden.

Aber das ist ein gebräuchliches Verfahren bei aktiven Maßnahmen. Auch die CIA neigt dazu, Tote zu beschuldigen und damit eine falsche Fährte zu legen. Hier

Alexander Prinzipalow geriet fälschlich in Verdacht, die »Rosenholz«-Dokumente an die CIA verkauft zu haben

wurden Nebelkerzen abgebrannt, um den wahren Her-
gang zu vertuschen.
Auch Markus Wolf nutzte seine Kanäle, um Klarheit
über den Weg der »Rosenholz«-Dateien nach Washing-
ton zu erlangen. Irgendwann kam er aus Moskau zurück

Markus Wolf kam aus Moskau mit der Nachricht: »Werner, ich bin mir sicher, dass es die Freunde nicht waren!«

und sagte zu mir: »Werner, ich bin mir sicher, dass es die Freunde nicht waren!« Eine bessere Expertise gibt es für mich nicht. Und darum bleibe ich bei meiner Vermutung: Es war ein Verräter aus unseren Reihen. Es gab nur wenige, doch es gab sie.

Könnte es nicht während des »Sturms auf das MfS« am 15. Januar 1990 passiert sein?
Das ist völliger Unsinn! Die Räume der HVA wurden weder geplündert noch zerstört, wie es bei der Spionageabwehr der Fall war. Deren Büros wurden ganz gezielt durchsucht. Bei uns war man nicht drin.

Eine andere Geschichte, kolportiert 1999 vom Münchener Nachrichtenmagazin FOCUS, *geht so: Werner Großmann habe Oberstleutnant Rainer Hemmann, stellvertretender Stabschef der HVA, im Dezember eine schwarze Kuriertasche aus Leder mit dem Befehl übergeben, sie in die scharf bewachte KGB-Vertretung in Karshorst zu bringen. »Nach Hemmanns Wissen mit der verfilmten Agentendatei.«*

Ich habe nicht den Befehl erteilt, die Dateien dem KGB zu übergeben, sondern befohlen, alle Dateien und Akten zu vernichten. Und das schon sehr frühzeitig, und nicht erst fünf Minuten nach zwölf. Noch einmal: Die Dokumente, die der CIA vorliegen, sind eine ältere Version, nicht die letzte.

Ein Verräter in der HVA, keine Quelle der CIA?
Dass die CIA eine Quelle bei uns gehabt hat, kann ich mit Sicherheit ausschließen. Denkbar ist, dass ein Vorgang, der in der Abteilung IX, der Gegenspionage, geführt wurde, Ausgangspunkt für diesen Datenklau gewesen sein könnte. Wir hatten Kontakt zu einer Sekretärin im BND, die von uns nicht angesprochen worden war. Ihr Freund war unser Kundschafter, der sie abschöpfte, sehr erfolgreich sogar. Als es aufs Ende zuging, hat er sich nach Frankreich abgesetzt, weil er um seine Sicherheit fürchtete. Dass der irgendwann mit feindlichen Diensten in Kontakt gekommen sein könnte und ihnen Tipps gab, um sich freizukaufen, kann ich mir vorstellen. Nicht vorstellen kann ich mir jedoch, dass er irgendetwas von den »Rosenholz«-Dateien wusste.

Dass diese Aktion ein großer Coup der CIA gewesen sei, wie es häufig in den Medien dargestellt wurde, sollte man als Witz nehmen. Wenn die Agency einen solchen Treffer gelandet hätte, hätte sie das kaum dazu gebracht, sich in einen Mantel des Schweigens, gar der Bescheidenheit zu hüllen.

Selbststeller und Verräter

Es sollen sich wiederholt Bundesbürger an der DDR-Grenze gemeldet haben, um mit der Staatssicherheit zu sprechen. Das war doch ein Fall für die Aufklärung.

Wenn von der Grenze über die Linie VI der Abwehr ein solcher Kontakt gemeldet wurde, landete diese Nachricht auf dem Tisch des Ministers. Wenn der befand, dass man die Sache weiter verfolgen und mit der Person ernsthaft sprechen sollte, beauftragte Mielke stets die Abwehr, vornehmlich die Spionageabwehr, die Hauptabteilung II.

Ein solcher Selbststeller war Oberst Joachim Krase, zuletzt stellvertretender Kommandeur beim Militärischen Abschirmdienstes der Bundeswehr.

Ja. Er meldete sich 1969 an der Grenze, bat um einen Kontakt zur Staatssicherheit und wurde sofort an die Spionageabwehr weitergeleitet. Sie haben bis zu seiner Pensionierung 1984 sehr erfolgreich mit ihm zusammengearbeitet. Die HVA hat davon nur erfahren, weil wir unsere eigenen Quellen im MAD hatten. Außerdem setzte mich Mielke ins Bild, als Wolfgang Lohse, Krases Führungsoffizier, zu einem Treff mit IM Günter Fiedler nach Österreich reiste. Er rief bei mir an und vergatterte mich, dass die Reisedokumente, die wir Lohse zur Verfügung stellen würden, unbedingt in Ordnung zu sein hätten. Krase starb 1988, ohne dass er enttarnt worden war. Einige Autoren rechnen ihn zu den »erfolgreichsten Agenten des Kalten Krieges«. Woran will man das messen? Ich kann das jedenfalls nicht beurteilen.

Ist Hansjoachim Tiedge, der Verfassungsschützer aus Köln, auch bei der Spionageabwehr gelandet?
Am 19. August 1985 war Hansjoachim Tiedge mit der Eisenbahn in die DDR gekommen. Im Bundesamt für Verfassungsschutz leitete er das Referat IV B – Nachrichtendienste der DDR. Er meldete sich und verlangte ausdrücklich Kontakt zur HV A. Der Leiter der Bezirksverwaltung Magdeburg des MfS rief bei Markus Wolf an, der nun alles in Bewegung setzte, um Tiedge zu uns nach Berlin zu bringen. Mischa wollte am nächsten Tag seinen Jahresurlaub antreten und übergab mir den Vorgang. Ich informierte Mielke von dem Vorgang erst, als sich der prominente Überläufer in unserer Obhut befand. Er moserte prompt, der Tiedge gehöre doch eigentlich der II …
Doch da wir ihn nun einmal hatten, gaben wir ihn auch nicht wieder her.
Die Selbststeller meldeten sich aber nicht nur an der Grenze. In der Ruschestraße 103 befand sich eine Anmeldung, wo sich ab und an Menschen einfanden und um ein Gespräch baten. Das waren zumeist DDR-Bürger, die uns etwas mitteilen wollten. Aber auch Ausländer, die gerade in Berlin waren, befanden sich darunter. Doch auch diese bekamen wir nicht zu Gesicht.

Karl Rehbaum (rechts), Führungsoffizier von Rainer Rupp, 2015

Aber meist hat die HVA nicht auf den Genossen Zufall gesetzt, sondern selbst Informanten gesucht?

Das trifft zu. Als der ARD-Korrespondent Fritz Pleitgen 1977 von Moskau in die DDR-Hauptstadt wechselte, machte mich mein sowjetischer Verbindungsoffizier auf ihn aufmerksam. Pleitgen sei ein meinungsstarker Journalist, wobei er gewiss auch in Rechnung stellte, dass Pleitgen Zugang zu Breshnew hatte. So habe ich einen sogenannten Suchzettel ausgefüllt, einen Auftrag an die Abteilung XII des MfS, die zentrale Auskunft. Die Antwort enthielt in aller Regel die Information, wo man im Hause nachfragen konnte, wenn man jemanden ansprechen wollte. Ich wollte Pleitgen nicht werben, das war überhaupt nicht Aufgabe der HVA, nur wissen, ob ihn jemand von uns schon auf dem Zettel hatte. Gesprächspartner wie Pleitgen waren für uns immer von Interesse.

Wie erwartet, war Pleitgen bereits von der Spionageabwehr erfasst, für die Abteilung 13, die sich mit ausländischen Journalisten in der DDR befasste. Doch das war nicht alles. Ich erhielt einen Anruf von Bruno Beater. Er stauchte mich zusammen und fragte, ob ich nicht wisse, dass diese Leute samt und sonders Agenten seien, die nichts anderes im Sinne hätten, als uns zu schaden.

Hier wurde ein grundsätzlicher Unterschied zwischen Abwehr und Aufklärung sichtbar. Ein Abwehrmann wird immer fragen: »Was will der mir Böses tun?«, ein Aufklärer hingegen: »Wie kann ich mit dem etwas erreichen?«

Wenn wir eine Zusammenarbeit mit einem Journalisten aufgebaut haben, fragten wir uns immer, inwieweit er es ernst meinte und ehrlich war. Waren unsere Folgerungen negativ, beendeten wir den Vorgang.

Diesen grundsätzlichen Unterschied in der Arbeitsweise von Mitarbeitern der Abwehr und der Aufklärung finde ich aufschlussreich. Galt dieser Ansatz auch untereinander?

Kann man so sehen. Als Markus Wolf aus dem Dienst ausschied, wurde sein Telefon von der Abwehr angezapft. Dafür kann man plausible Gründe anführen, was die Sache nicht besser macht. Und ich erfuhr von meiner Telefonüberwachung nach Mielkes Rücktritt am 7. November 1989. Mich rief eine Mitarbeiterin aus der Abteilung 26 an und sagte, dass meine Telefonüberwachung nunmehr beendet werde. Bis dahin waren meine privaten wie dienstlichen Gespräche abgehört worden.

Wurden alle Stellvertretenden Minister auf diese Weise kontrolliert? War das üblich?
Ob es üblich war, kann ich nicht sagen. Ohne Wissen des Ministers und des Leiters der Abteilung Kader/ Schulung war das nicht möglich, was bedeutete, dass die Anweisung wohl auch nur von dort kommen konnte. Ich nehme es als individuelle Macke Mielkes: Er traute nicht einmal seinen Stellvertretern über den Weg.

Oft wird behauptet, dass es in den letzten Jahren der DDR immer schwieriger wurde, neue Kundschafter, Instrukteure und Werber für die HVA zu gewinnen. Hing das auch mit diesem allgegenwärtigen Misstrauen zusammen?
Wir sollten, um uns nicht zu verrennen, uns bewusst machen, dass dieser ungesunde Umgang miteinander eine zwangsläufige Begleiterscheinung von Geheimdiensten ist. Wo Geheimnisse gehütet werden, wohnt auch das Misstrauen, der Zweifel, die Skepsis. Wir haben lange Zeit angenommen, dass wir davon frei sein würden, schließlich vereinte uns »gleicher Sinn, gleicher Mut«, wie wir im Weltjugendlied in der FDJ sangen. Aber das war ein frommer Wunsch, der sich nicht erfüllte.
Die politischen und ökonomischen Probleme, die wachsende Unzufriedenheit der Menschen und die wachsende Zahl der Ausreiseanträge schlugen sich auch

Werner Großmann, November 2016

in unserer Tätigkeit nieder. Es ging dabei nicht nur um die Gewinnung neuer Kader. Wir mussten auch die aktiven Helfer der Aufklärung motivieren. Das fiel uns zunehmend schwerer. Wir haben mitunter nächtelange diskutiert, doch ich habe keinen Fall erlebt, dass uns jemand die Zusammenarbeit aufgekündigt hätte. Das waren alles Überzeugungstäter im positiven Sinne.

Es gibt die These, dass die Entspannungspolitik in den 70er Jahren dazu geführt habe, dass das MfS besonders intensiv ausgebaut worden sei.
Diese These ist falsch. In den 70er Jahren waren wir bereits – wie soll ich sagen? – voll entwickelt. Die Abteilungen in der Aufklärung, die sich mit den Parteien

in der Bundesrepublik, mit dem Staatsapparat und dem Militär beschäftigten, existierten längst. Selbst die Abteilung X, Aktive Maßnahmen, bestand schon seit 1966. Wir waren zu jener Zeit über die Absichten und die Pläne der Bundesrepublik umfassend informiert. Wir hatten es nicht nötig zu expandieren oder neue Schlachtfelder zu eröffnen. Wir haben zwar den einen oder anderen neuen Mitarbeiter bekommen. Doch nicht wegen der Entspannungspolitik, sondern weil das Informationsaufkommen stetig wuchs.

Neu war einzig die Abteilung IX in der HV A, die 1971 gegründet wurde. Gegenstand war die Gegenspionage im In- und Ausland, und sie beschäftigte sich mit feindlichen Diensten in der BRD. Dieses Feld war bis dahin von der Spionageabwehr bearbeitet worden. Heinz Geyer hat die IX aufgebaut und bis 1977 geleitet, dann übernahm Harry Schütt diese Abteilung.

Zu jener Zeit gab es aktive Gegner wie das Ostbüro der SPD, den »Untersuchungsausschuss Freiheitlicher Juristen« oder die »Kampfgruppe gegen Unmenschlichkeit« schon nicht mehr.

Ja, oder die Aktivisten waren unter die Fittiche des Bundesministeriums für innerdeutsche Beziehungen gekrochen. Wir konzentrierten uns vor allem auf den Bundesnachrichtendienst, den Bundesverfassungsschutz und den Militärischen Abschirmdienst. Dass wir schließlich erfolgreicher waren als die westlichen Dienste, führe ich auf unseren inhaltlichen und methodischen Ansatz zurück. Wir waren grundsätzlich daran interessiert, Menschen auf der Basis gemeinsamer politisch-ideologischer Grundüberzeugungen für eine Zusammenarbeit zu gewinnen. Das hieß keinesfalls, dass sie Kommunisten sein mussten. Wir suchten anti-faschistisch-humanistisch orientierte Menschen, die uns unterstützen wollten.

Anders die Gegenseite: Hier stand vor allem das Geld im Mittelpunkt. Was Wunder, schließlich war und ist in der kapitalistischen Gesellschaft die Information eine Ware wie alles andere auch. Und dort dachten die Dienste folglich, dass man mit Geld alles erreichen könne. Wir haben viele Berichte erhalten, dass Dienst-reisende der DDR im westlichen Ausland, nicht nur in der Bundesrepublik, auch in Frankreich oder England, vom BND angesprochen worden waren. Da klopfte es an der Hotelzimmertür und draußen standen zwei freundliche Herren, die sich als Mitarbeiter des BND vorstellten. Das Gespräch mündete in aller Regel in ei-nem Anwerbungsversuch. Das Lockmittel war immer Geld. Außerdem wurde mitunter gedroht, dass man die Vorgesetzten in der DDR über das Stattfinden des Ge-spräches informieren werde, wenn sich der Angespro-chene verweigere. »Das war dann Ihre letzte Dienst-reise.«

Also Geld und Druck?
So kann man es zusammenfassen. Die Institutionen in unserem Land kannten dieses Vorgehen und haben ihre Reisekader entsprechend vorbereitet. Die meisten haben dann auch über erfolgte Anwerbungsversuche informiert.

Beim Kundschaftertreffen 2015 in Strausberg mit Klaus Eichner (Mitte) und dem DKP-Vorsitzenden Patrik Köbele

Und waren ihren Pass los.
Das kann man pauschal so nicht beantworten, denn es hing immer vom konkreten Fall ab. Außerdem entschieden das nicht wir, sondern die entsendende Institutionen.

Aber vermutlich setzte auch die HVA Geld ein. Vorhin erwähnten Sie »Schwarze Kassen«, wofür Sie, weil Sie dazu nichts sagen wollten, 1992 in Beugehaft genommen worden waren.
Sicher haben auch wir Geld ausgeben müssen. Doch unsere Ressourcen waren eher beschränkt. Wir konnten bestenfalls anfallenden Aufwand und entgangene

221

Einkünfte ersetzen. Außerdem haben wir unsere Kundschafter in ihrer beruflichen Entwicklung unterstützt. Da muss ich auf eine Idee verweisen, die Mischa Wolf frühzeitig hatte. Er regte an, in der Bundesrepublik junge Menschen, vor allem Studenten, für eine Zusammenarbeit mit uns zu gewinnen. Diese Perspektivkader sollten sich beruflich in Ämtern und Behörden, in wissenschaftlichen Instituten und in politischen Parteien entwickeln, Karriere machen, wie es in der BRD hieß. Dadurch gewannen wir nicht nur hervorragende Quellen, zum Beispiel im Auswärtigen Amt. Es entstanden auch Freundschaften, die selbst die Verwerfungen der 90er Jahre überstanden.

Also Taschengeld war das nicht in jedem Falle, was dort mitunter hinübergeschoben wurde. Die beiden gekauften Stimmen beim konstruktiven Misstrauensvotum gegen Kanzler Brandt 1972 beispielsweise kosteten zwei Mal 50 000 DM.
Da bekommt heute selbst der letzte Kandidat im »Dschungelcamp« mehr als das Doppelte. Wir wollen mal die Kirche schön im Dorf lassen.

Wie kamen Sie an solche Perspektivagenten? Wurden da systematisch Hochschulen durchforstet?
Wir haben Schwerpunkte gesetzt. Zum Beispiel konzentrierten wir uns auf die Freie und die Technische Universität in Westberlin. Viele junge Westdeutsche studierten dort, weil sie nicht zur Bundeswehr eingezogen werden wollten. Schon das war ein Zeichen: Die wollen nicht zum Bund, die wollen nicht in den Krieg

ziehen. Hier ließ sich an gemeinsame Überzeugungen anknüpfen. Wenn sie zu einer Zusammenarbeit bereit waren, haben wir sie in ihrer beruflichen Entwicklung betreut. Daraus entwickelten sich unsere besten Leute. Natürlich haben wir für diese Vorhaben auch Geld investiert. Doch nicht in großem Maße. Denn, ich wiederhole mich, unsere Mittel waren äußerst begrenzt und mit denen der Gegenseite nicht zu vergleichen.

Hagen Blau und Klaus von Raussendorff gewannen wir auf diese Weise. Beide studierten an der Freien Universität in Westberlin und machten später im Auswärtigen Amt Karriere. Dieter Feuerstein, der an der Technischen Universität studierte, arbeitete schließlich als Diplomingenieur bei Messerschmitt-Bölkow-Blohm in Ottobrunn. Wobei bereits sein Vater für die HVA arbeitete. Doch zu einer Spitzenquelle in der bundesdeutschen Rüstungsindustrie wurde Dieter erst in der Zusammenarbeit mit uns.

Wie gelang es Ihnen, gerade junge, intelligente Menschen an das MfS zu binden?

Wir waren keine bundesdeutschen Beamten, die Dienst nach Vorschrift machten. Und uns zur Seite standen viele tausend DDR-Bürger. Das waren Menschen, die zur DDR standen, den Sozialismus voranbringen wollten und beruflich erfolgreich waren. Sie reisten zu Treffs, haben mit unseren Zielpersonen gesprochen, diskutiert und Informationen wieder zurückgebracht.

Heißt das, die HVA war deshalb so erfolgreich, weil sie in der DDR gut verankert war?

So sehe ich das jedenfalls. Für uns waren doch nicht nur Reisekader tätig. Da waren auch Menschen, die ihre Adresse für konspirative Post zur Verfügung stellten oder ihr Telefon für verdeckte Nachrichten und vieles mehr. Wir standen auch zu diesen Helfern, als es uns selbst längst an den Kragen ging. Wir haben die Akten vernichtet, so dass sie später nicht identifiziert werden konnten.

Das sind alles Aspekte, die keiner sachlichen Erörterung unterliegen.
Es könnte ja sein, dass man nicht nur die gewünschten Haare in der Suppe findet … Über die Schwierigkeit, solche Themen zu diskutieren oder ebendies zu verhindern, kann ich viel erzählen.
Wir wollten am 16./17. Juni 2006 in Berlin, einst die Hauptstadt der Spione, eine Konferenz zur HVA unter dem Dach der Max-Planck-Gesellschaft im Harnack-Haus in Dahlem abhalten. Das rief einige Lokalpolitiker mit Zugang zu den Medien auf den Plan, man schrie »Provokation«, weil sich doch am Jahrestag des »Volksaufstandes« die »Stasi-Spitzel« zusammenrotten wollten. Dabei sollte das eine wissenschaftliche Konferenz werden, bei der allenfalls ehemalige Mitarbeiter als Zeugen befragt werden sollten. Schließlich wurde der öffentliche Druck so groß, dass wir die Veranstaltung absagen mussten, weil uns die Max-Planck-Gesellschaft ausgeladen hatte.
Der dänische Historiker Thomas Wegener-Friis, der die Konferenz organisierte, fand Aufnahme bei der Süddänischen Universität in Odense. Dort schließ-

Rainer Rupp (links) war ein solcher Perspektivkader. Im Oktober 2015 feierte er mit Freunden in Berlin seinen 70. Geburtstag

lich diskutierten im November 2007 Wissenschaftler aus Europa und Übersee zum Thema »Hauptverwaltung A – Geschichte, Aufgaben, Einsichten«.

Die US-amerikanische Historikerin Kristie Macrakis und der deutsche Geheimdienstexperte Erich Schmidt-Eenboom waren mit dem Ertrag zufrieden. Schmidt-Eenboom gab der Hoffnung Ausdruck, »dass diese neue Sachlichkeit auch nach Deutschland überschwappt«.

Doch daraus wurde nichts. Die bundesdeutschen Medien machten sich über uns her und versuchten, jeden konstruktiven Ansatz im Keime zu ersticken. Dazu kam, dass sich der dänische Organisator der Konferenz von seinem eigenen Projekt lossagte. Hatte Wegener-

Friis anfangs noch zu seinem Projekt gestanden und gemeint, die Konferenz sei »sehr vernünftig« gelaufen, erklärte er kurze Zeit später, sein Versuch, Zeitzeugen mit Forschern zusammenzubringen, sei gescheitert, weil sich unsere geistige Verfassung – er bezeichnete uns jetzt als »alte Stasi-Eliten« – nicht verändert habe. Von einem Tag auf den anderen brach er den Kontakt zu mir ab. Vorher hatte Friis dafür gesorgt, dass mein Buch »Bonn im Blick« ins Dänische übersetzt und in Dänemark verlegt wurde, er hatte Lesungen mit mir organisiert. Wir besuchten uns gegenseitig, ich kannte seine Familie, er die meine.

Er hatte die Konferenz im Juni 2007 in der *jungen Welt* gegen die Angriffe der BStU verteidigt und erklärt, dass Eingriffe in die Freiheit der Wissenschaft solcher Art in seiner Heimat nicht möglich seien.

Woher der plötzliche Sinneswandel?
Ich kann es mir nur damit erklären, dass man ihm die Instrumente gezeigt hat: entweder Ende der Zusammenarbeit mit diesen Leuten oder Ende der Karriere. Thomas war seinerzeit Assistenzprofessor am Zentrum für Studien des Kalten Krieges an der Uni in Odense.

Wer hätte die »Instrumente« zeigen sollen?
Wer da alles die Finger im Spiel hatte, kann ich nicht sage. Aber Marianne Birthler, die damals der BStU vorstand, war gewiss nicht unbeteiligt. Sie untersagte Helmut Müller-Enbergs, der nach Odense kommen wollte, die offizielle Teilnahme als Mitarbeiter der BStU. Der hielt sich formal an das Verbot, ließ aber seinen Vortrag

Mit Heribert Hellenbroich, dem ehemaligen Chef des Bundesamtes für Verfassungsschutz, 2001

von einem Kollegen vorlesen. Das nahm seine Chefin übel und mahnte ihn ab, kündigen konnte sie ihm aus verschiedenen Gründen nicht.

Wir hatten mit den Selbststellern begonnen ...
2001 hatte ich ein interessantes Gespräch mit Heribert Hellenbroich, der zwei Jahre Chef des Bundesamtes für Verfassungsschutz und damit unser oberster Gegner in der Bundesrepublik war. Zu seinem vorzeitigen Karriereende beim BfV trug der Seitenwechsel von Hansjoachim Tiedge bei.
Ich fragte Hellenbroich, warum er diesen Mann, der von Geld- und Alkoholproblemen beherrscht war, nicht

Eingang zur wissenschaftlichen Konferenz zur Hauptverwaltung A in der Süddänischen Universität Odense

entlassen habe. Seine Antwort war: »Dann hätten wir völlig die Kontrolle über den Mann verloren!«

Eine Reaktion, die mir durchaus vertraut war. Karl-Christoph Großmann – mit mir weder verwandt noch verschwägert – war Stellvertretender Leiter der Abteilung IX, Gegenspionage im In- und Ausland und feindliche Dienste in der BRD. Er betreute Tiedge.

Der Oberst tanzte schon geraume Zeit aus der Reihe und drehte krumme Dinger, über die wir nie so recht im Bilde waren. Darum habe ich ihn aus der operativen Arbeit herausgelöst und als Offizier für Sonderaufgaben in meinen direkten Verantwortungsbereich versetzt. In der Annahme, ich hätte ihn dann unter Kontrolle. Nachdem ich ihn einmal nach Neubrandenburg geschickt hatte, erhielt ich einen Anruf vom Leiter der BV Neubrandenburg, Peter Koch. Er fragte mich, ob die Absprachen, die »Charly« Großmann mit ihm getroffen habe, in Ordnung gingen. Um was es ging, kann ich nicht einmal mehr sagen, aber mir platzte der Kragen und ich schmiss ihn raus. Wegen Überheblichkeit, Schwatzhaftigkeit und Prahlsucht sowie unmoralischem Lebenswandel, was ihn zum Sicherheitsrisiko machte, wurde er nach Jahren operativer Tätigkeit 1987 in den Ruhestand verabschiedet.

Den Rauswurf aus der HV A nahm er übel, und er rächte sich durch Verrat auf widerliche Weise. Im Januar 1990 sang er beim BfV in Köln und lieferte Gabriele Gast, Klaus Kuron, Alfred und Ludwig Spuhler sowie Helmut Fischer ans Messer. Gaby Gast arbeitete zu jenem Zeitpunkt noch in der BND-Zentrale in Pullach und informierte ihren einstigen Führungsoffizier in Berlin über den Verrat, worauf wir bis zum 31. März 1990 alle Quellen abschalten konnten. Hansjoachim Tiedge konnte sich mit Hilfe des KGB noch rechtzeitig nach Moskau absetzen.

In Zusammenhang mit dem Verrat von Großmann verweise ich bewusst darauf, und das nicht ohne Stolz, dass die Mitarbeiter der Hauptverwaltung Aufklärung bis auf wenige Ausnahmen nach dem 3. Oktober 1990 zu ihrem Fahneneid standen.

»Du kommst mir nich rin«

Aus der BStU kam 2001 das Buch »Der Mielke-Konzern«, Untertitel: »Die Geschichte der Stasi 1945 bis 1990«, Autor war Behörden-Mitarbeiter Jens Gieseke. Offenkundig unterlag ich einem Irrtum, weil ich bis dahin glaubte, das MfS – die »Stasi« – sei erst 1950 gegründet worden. Egal, Gieseke behauptet dort jedenfalls, die HVA habe beispielsweise ihre Erkenntnisse über die Verbindungen der Grünen oder der West-Kirchen zu DDR-Bürgern an die Abwehr weitergegeben und somit unmittelbar an der Verfolgung der DDR-Opposition mitgewirkt.

Nein, das haben wir nicht gemacht, denn wir hätten damit unsere Quellen gefährdet. Richtig ist, dass wir uns selbstverständlich für die Grünen – wie für jede andere politische Organisation – interessierten, nachdem sie als neue politische Bewegung in der Bundesrepublik auftauchten. Unser Interesse nahm natürlich zu, als sie 1983 in den Bundestag einzogen. Wir wollten ihre Absichten und ihr Innenleben kennenlernen. Diese Aufgabe lag in der Verantwortung der Abteilung II. Wenn grüne BRD-Aktivisten Material zur DDR-Opposition – eher ein zerstrittener Haufen eitler Solisten – schmuggelten, so haben wir das allenfalls zur Kenntnis genommen, mehr nicht. Wir haben auch ausgereiste DDR-Oppositionelle im Westen nicht bearbeitet.

*Roland Jahn und andere haben dies aber wiederholt be-
hauptet.*
Ja, eben, deshalb sage ich: das haben wir nicht! Was hätten wir von denen erfahren können? Welches Honorar
ihnen der Spiegel oder andere Medien zahlten? Für die
HV A sind diese Leute völlig uninteressant.

*Und wie sah die Verbindung zu anderen Kräften aus,
etwa zu der 1968 gegründeten DKP?*
Wir hatten zu diesen Genossen keinerlei Kontakt. Aber
nicht, weil wir ihnen misstrauten oder dergleichen. In
der antikommunistischen BRD wurden Mitglieder dieser Partei vom Verfassungsschutz überwacht, Verbindungen zur Auslandsaufklärung der DDR wären ris-
kant gewesen. Hinzu kam Ausgrenzung – ich erinnere
an den Radikalenerlass der Brandt-Regierung und die
Berufsverbotspraxis. Den westdeutschen Kommunisten blieb dadurch der Zugang zu wichtige Positionen in
Politik und Wirtschaft versperrt, sie waren objektiv für
uns keine interessanten Quellen. Vor allem aber wollten
wir DKP und SEW in Westberlin nicht in den Verdacht
geraten lassen, sie seien die Fünfte Kolonne des MfS.
Die Verbindung zur DDR und hier vor allem zur SED
haftete ihnen ohnehin als Makel an.
Als Dieter Feuerstein, um es einmal konkret zu machen,
Anfang der 70er Jahre in die DKP eintreten wollte, redete es ihm sein Vater – der für uns arbeitete – nachhaltig aus. Dieter trat in die CDU ein und machte Karriere
bei Messerschmitt-Bölkow-Blohm. Als Mitglied der
DKP wäre er vermutlich bereits bei der ersten Sicher-
heitsüberprüfung gescheitert.

Ich kann mich nicht des Eindrucks erwehren, dass sich manche Zeitgenossen mit einer Opferlegende wichtigmachen wollen.

Ich teile diesen Eindruck. Mit fällt da sofort Frau Lengsfeld ein. Wir erinnern uns: 1988 war sie verhaftet und zu sechs Monaten verurteilt worden. Statt die Strafe abzusitzen, nahm sie das von ihrem Anwalt Wolfgang Schnur (IM »Torsten«) ausgehandelte Angebot an, für knapp zwei Jahre nach Großbritannien zu gehen, wo sie studierte. Nach Ablauf der Frist wollte sie in die DDR zurückkehren, also fragte man bei der HVA an, ob uns Erkenntnisse vorlägen, die gegen ihre Rückkehr sprächen. Es lagen uns keine vor – weil uns Frau Wollenberger, wie sie seit 1981 hieß, nicht die Bohne interessierte. Hätten wir uns um diese Kreise gekümmert, wären wir nicht zu unserer eigentlichen Arbeit gekommen und hätten überdies die vielen DDR-Bürger, die freiwillig mit uns zusammengearbeitet haben und uns als Kuriere oder Instrukteure halfen, in unverantwortlicher Weise gefährdet.

Stimmt es, dass Franz Lengsfeld, ihr Vater, Mitarbeiter der HVA gewesen ist? Auch dieses Gerücht ist im Umlauf.

Franz Lengsfeld war nie Mitarbeiter, wir sagten damals »Angehöriger«, der Auslandsaufklärung der DDR. Er arbeitete, zuletzt als Oberstleutnant, in der Abteilung Kader/Schulung des MfS. Einige Journalisten beförderten ihn postum – er starb 1994 – zum Kaderchef der HVA, welcher angeblich die Leute aussuchte, die wir in den Westen schickten. Ich habe Franz Lengsfeld persönlich nicht gekannt, und die Abteilung, in der er tätig war, hat nie für uns Kundschafter ausgesucht.

Apropos Kader: Wie viele Mitarbeiter zählte die HVA?
Als ich 1986 die Aufklärung übernahm, hatten wir 4126 Planstellen, die jedoch nicht alle besetzt waren. Die Mitarbeiterzahl schwankte leicht, doch man kann sagen, dass wir stets über rund 4000 feste Mitarbeiter verfügten. Jeder Zweite davon arbeitete in der Normannenstraße, also im eigentlichen Apparat der HVA.

Alles Mitglieder der SED?
Natürlich. Das war Voraussetzung, um bei uns eingestellt zu werden.

War das wirklich so wichtig, Parteimitglied zu sein?
Damals haben wir das so gesehen. Heute sehe ich das anders. Wir haben mit vielen DDR-Bürgern gut zusammengearbeitet, die parteilos waren oder einer anderen Partei angehörten. Die Mitgliedschaft in der SED war nicht zwingend ein Ausweis für eine sozialistische Überzeugung.

Der Parteisekretär der HVA war Otto Ledermann, seit 1984 im Range eines Generalmajors. Hatte er innerhalb der Aufklärung Befehlsgewalt?
Nein. Operative Vorgänge waren nicht Gegenstand der Parteiarbeit. Der Parteisekretär hatte dafür zu sorgen, dass innerhalb des Apparates die politische Leitlinie der SED-Führung um- und durchgesetzt wurde. Und: Da es im Ministerium keine Gewerkschaftsorganisation gab,

Im Gespräch mit den ehemaligen Kundschaftern George und Doris Pumphrey, 2011

weil kein Angehöriger der bewaffneten Organe dem FDGB angehörte, kümmerte sich die Parteiorganisation auch um soziale und persönliche Probleme der MfS-Angehörigen.

Persönliche Probleme waren wohl auch Eheprobleme?
Ja, natürlich. Den Mitarbeitern wurde einiges abverlangt, was das Familienleben sehr belastete: Dienst an Wochenenden, Überstunden, ständige Verfügbarkeit und Bereitschaftsdienste, Dienstreisen, Konspiration etc. Ein Privatleben gab es kaum. Darunter litten auch die Kinder. Sofern Konflikte eskalierten, versuchte die Partei helfend einzugreifen. Aber machen wir uns

nichts vor: Der Parteisekretär konnte nicht den fehlenden Vater ersetzen.

Ich habe es doch selbst erfahren, als ich 1986 Chef der Aufklärung wurde, wie sehr Anspruch und Wirklichkeit auseinandergingen und Frust erzeugten. Das Tagesgeschäft als Leiter kettete mich an den Schreibtisch, auf der anderen Seite wollte ich nicht von der operativen Arbeit lassen. So hielt es auch Mischa Wolf. Die praktische Arbeit bewahrte davor, sich von der Wirklichkeit zu entfernen. Zudem waren Aktenstudium, Kaderarbeit und Planung mitunter sehr zeitaufwendig. Doch ich war bemüht, an bestimmten Treffs bei uns oder im Ausland teilzunehmen. Oft kam ich tagelang nicht aus meinem Dienstzimmer. Einen achtstündigen Arbeitstag und die Fünf-Tage-Arbeitswoche kannte ich, wie die meisten von uns, nur vom Hörensagen. Und mit 43 Jahren begann ich auch noch ein Fernstudium … Letztlich funktionierte das nur, weil ich mich auf meine Stellvertreter und Mitarbeiter verlassen konnte, und vor allem, weil meine Familie zu mir stand.

Wie sah ein normaler Arbeitstag von Ihnen aus?
Die offizielle Arbeitszeit ging von 8 bis 17 Uhr. Ich saß aber schon eine Stunde früher im Büro, um Zeitungen zu lesen, vor allem natürlich die Westpresse. In dieser Stunde kam auch stets der Anruf des Ministers. Mielke fragte: »Gibt's was Neues?«, ich antwortete: »Nein«. Er legte wortlos auf.

Im Büro waren bereits die Sekretärin, mein persönlicher Mitarbeiter und natürlich der Fahrer, der mich zum Dienst gebracht hatte. Dann Studium von Akten

Im heutigen Arbeitszimmer, 2016

und Vorlagen ... Als Chef, aber auch vorher als Stellvertreter, konferierte ich regelmäßig mit den Abteilungsleitern, für die ich zuständig war. Das hieß anleiten. Außerdem fanden wöchentlich Leitungsbesprechungen statt, die ich vorbereiten musste. Ich legte immer großen Wert darauf, wichtige Fragen im Kollektiv zu beraten.

Wie sah Ihr Büro aus?
Es war ein großes, helles Zimmer in der zehnten, später als Chef in der neunten Etage, mit Schreibtisch, Schrankwand, Besprechungstisch und Sitzecke. Nebenan befand sich ein kleiner Raum mit einer Liege. Hier konnte ich ruhen, wenn es zum Beispiel nach einer

Pause am Abend weiterging, dazu Dusche und Toilette. Die Fenster gingen zum Hof.

Sind Sie mit Mielke auf die Jagd gegangen?
Nein, daran hatte ich überhaupt kein Interesse. Mischa Wolf vertrat bei derartigen Veranstaltungen die HVA würdig, er war ein passionierter Jäger.

Wenn man in diesen erlauchten Kreis aufgenommen werden wollte, musste man von einem anderen Mitglied vorgeschlagen werden. Der Minister allein entschied über diesen Vorschlag. Am Rande einer Feierstunde bei unseren sowjetischen Freunden in Karlshorst gab er mir bei der Verabschiedung die Hand und sagte: »Du kommst mir nich rin in meine Jagdgruppe, du nich!« Ich reagierte spontan, was ihn verärgerte: »Ich will auch gar nich rin.« Die knapp bemessene Freizeit wollte ich lieber mit meiner Familie als auf einem Hochstand verbringen.

Internationales

Die Aufklärung der DDR war auch in Afrika, in Latein-
amerika und im Nahen Osten unterwegs.
Das trifft zu. Wir hatten engen Kontakt mit dem jungen
sandinistischen Nachrichtendienst in Nikaragua, arbeiteten eng zusammen mit den Freunden in Moçambique
und mit Vertreten der PLO. Bei den Palästinensern haben wir nicht alles unterstützt oder befürwortet, was sie
vorhatten oder durchführten. So haben wir immer auf
die Vertreter der PLO eingewirkt, um sie von Flugzeug-
entführungen und anderen terroristischen Vorhaben
abzuhalten. In allen Gesprächen machten wir ihnen
klar, dass die DDR weder als Logistikzentrum noch als
Ausbildungsbasis für ihre Unternehmungen zur Verfügung steht. Letztlich jedoch konnten wir nur bitten.
Gute Beziehungen unterhielten wir auch zu Vertretern
des African National Congress, dem ANC von Nelson
Mandela. Zu unserer Zeit war der ANC noch eine illegal arbeitende Widerstandsorganisation. Wir haben
den ANC politisch beraten und Kader ausgebildet. Das
machten auch andere sozialistische Staaten wie Kuba,
Bulgarien und vor allem die Sowjetunion.
Zum Wesen unserer Kooperation auf diesen internationalen Feldern will ich deutlich sagen: Es handelte
sich im weitesten Sinne um Entwicklungshilfe, nicht

um nachrichtendienstliche Arbeit. Neben der Ausbildung und dem Informationsaustausch erfolgten auch sicherheitspolitische Konsultationen. Natürlich leisteten wir auch materielle Hilfe, wir lieferten technische Ausrüstung, Waffen und Munition.

Sie unterstützten nach westlicher Lesart Terroristen?
Der ANC wurde vom Apartheidsregime unterdrückt, Nelson Mandela war von 1963 bis 1990 inhaftiert, die DDR engagierte sich jahrzehntelang für seine Freilassung. Für den Westen waren das damals alles schwarze Terroristen. Erst als die Apartheid zerbrach, der Kampf des ANC Erfolg hatte, Mandela frei kam und den Friedensnobelpreis erhielt, war er plötzlich im offiziellen Westen nicht mehr Terrorist, sondern eine moralische Instanz, die man bewunderte wie Mahatma Gandhi oder Martin Luther King. Worin sich einmal mehr die ganze Heuchelei und doppelbödige Moral des Kapitalismus offenbarte.
Wir unterstützen weder Terroristen noch lieferten wir Kriegsgerät in Krisengebiete. Im Sommer 1989 fragten die äthiopischen Freunde im ZK an, ob die DDR Panzer liefern könne, die Zentralregierung kämpfte schon seit Jahren gegen Separatisten in Eritrea, auch im Süden und Osten des Landes tobte der Bürgerkrieg. Da Honecker gerade im Urlaub war, landete die Anfrage auf dem Tisch von Egon Krenz. Der wollte von uns wissen, wie wir dazu stünden. Unsere Antwort war ganz klar: Keine Waffen für den Krieg in Eritrea! Da die Fachabteilung im ZK die gleiche Meinung vertrat, sagte Krenz schließlich »Nein«. Doch nachdem Honecker aus dem Urlaub

an seinen Schreibtisch zurückgekehrt war, revidierte er die Entscheidung, und die Panzer wurden geliefert. Er meinte, Mengistu Haile Mariam, mit dem er vor Jahren in Addis Abeba den Grundstein für das erste Marx-Denkmal auf afrikanischem Boden gelegt hatte, dürfe man die internationalistische Hilfe nicht versagen.

Der Innenminister Moçambiques besuchte die DDR und stattete auch mir einen Besuch ab. Er bat um die Lieferung von Baumaterial, um Unterkünfte für die Mitarbeiter seines Ministeriums errichten zu können. Wir verfügten weder über das Baumaterial noch über das logistische Hinterland, um all das in den gewünschten Mengen nach Afrika liefern zu können. Mich verließ ein sichtlich enttäuschter Minister.

Ich erzählte das auch, um bewusst zu machen, wie kurz die Decke war, nach der wir uns strecken mussten. Wir leisteten Hilfe zur Selbsthilfe, was aber auch nicht das Schlechteste war, wie wir heute wissen.

Was trieb die HVA in die Karibik? Sie waren wiederholt auf Kuba und in Nikaragua, in Ihrer Wohnung sehe ich Bilder, Plastiken und andere Mitbringsel. Wollte die DDR von dort die USA ausspähen?

Erstens: Es trifft zu, an Kuba und Nikaragua hängt mein Herz. Zweitens: Auch dort erfolgte unser Engagement nicht aus egoistischen Motiven, sondern war Solidarität und Hilfe zur Selbsthilfe. Einige Bilder, die Sie sehen, haben mir Genossen in Nikaragua geschenkt. Das kam so: Während unseres Urlaubs 1987 auf Kuba schlugen unsere Betreuer von der kubanischen Aufklärung vor, einen Ausflug nach Nikaragua zu unternehmen. Dort hatte 1979 die Sandinistische Revolution das von den USA gestützte Somoza-Regime gestürzt. Und die Kubaner halfen dort unter anderem, einen kleinen Aufklärungsdienst aufzubauen. Mit einer Militärmaschine flogen wir nach Managua. Ich hatte eine beeindruckende Begegnung mit Comandante Renán Montero Corrales, der mit Che Guevara in Bolivien gewesen war und nun die V. Abteilung der sandinistischen Staatssicherheit, die Aufklärung, leitete. Innenminister Tomás Borge empfing uns ebenfalls. Das stellte mich vor protokollarische Probleme. Es war üblich, dass man nicht mit leeren Händen kam, es musste nichts Großes sein, es ging um die Geste. Unsere Botschaft überließ mir eine Thälmann-Büste aus ihrem Fundus; die DDR hatte in Jinotepe ein Nationales Polytechnisches Zentrum errichtet, das den Namen des von den Nazis ermordeten KPD-Vorsitzenden trug. In Borges Büro stand bereits eine Plastik, ein Jesus. Der Innenminister dankte freundlich für mein Präsent. Ob Jesus einen Nachbarn bekam, kann ich nicht sagen.

Wie muss man sich die Auslandsaufklärung in einem Land wie Nikaragua vorstellen?
Die sandinistische Regierung verfügte über sehr geringe materielle Mittel, das Land war von Bürgerkriegen und Naturkatastrophen verwüstet, Somoza hatte es ausgeplündert, Nikaragua war arm. Doch die revolutionäre Energie, mit der sie an die Aufbauarbeit gingen, beeindruckte. Das galt auch für die Sicherheitsorgane. Nach meiner Beobachtung wurden verhältnismäßig viele Frauen in der operativen Arbeit eingesetzt – an-

Beim spontanen Abstecher nach Nikaragua, 1987

ders als bei uns, wo die operative Arbeit eine Männer-
domäne war.

Erstaunt hörte ich, dass man bemüht war, Nachrichten-
quellen in westdeutschen Einrichtungen zu installieren.
Sie erzählten mir, dass sie eine Sekretärin in der BRD-
Botschaft unter fremder Flagge abschöpften.

*Wie reagierte der Minister auf diesen ungeplanten Aus-
flug? Haben Sie es ihm überhaupt erzählt?*
Musste ich ja, schließlich hat Tomás Borge Grüße an
den Genossen Minister ausrichten lassen. Also musste
ich Mielke von ihm grüßen.

Er dankte für die Grüße und gab sich erstaunt, dass die
Kubaner uns nach Nikaragua geflogen hatten. Diszipli-

narische Maßnahmen ergriff er nicht, die ich allerdings erwartet hatte. Ich glaube, ich hätte als Vorgesetzter in einem solchen Fall anders reagiert.

Wann waren Sie zum ersten Mal auf Kuba?
Anfang der 70er Jahre. Da fand in Havanna eine Konferenz der Nachrichtendienste des Warschauer Paktes statt. Die Kubaner gehörten zu diesem Kreis, ohne dass Kuba selbst Vertragsmitglied war. Mischa hatte mich gefragt, ob ich Lust hätte, als Vertreter der Aufklärung daran teilzunehmen. Und ob ich Lust dazu hatte! Mit mir reisten Werner Irmler, der leitete damals bereits die Zentrale Auswertungs- und Informationsgruppe beim Minister, und ein Dolmetscher. Da von Berlin-Schönefeld kein Direktflug nach Havanna ging, flogen wir drei nach Moskau, von dort ging es nach Rabat in Marokko, wo wir ungeplant übernachten mussten, weil die Maschine repariert wurde. Wir hatten kein Geld, aber uns half die DDR-Handelsvertretung, deren Adresse wir im Telefonbuch fanden.
Wir hatten vom ersten Moment an einen guten Draht zu den Kubanern. Sie suchten unsere Nähe und diskutierten intensiv mit uns, während sie sich gegenüber der sowjetischen Delegation merklich zurückhaltend verhielten. Ich verlor bei dieser ersten Reise nach Havanna mein Herz an dieses Land und seine Menschen.

Kubaner: Terroristen. Sandinistas: Terroristen. ANC: Terroristen. Äthiopien: Terroristen ... So die damalige westliche Lesart. Da liegt die Frage nahe: Wie hielt es die HVA mit der »Rote-Armee-Fraktion«, der RAF?

Wir hatten mit der RAF nichts zu tun. Die HVA hat diese Leute weder aufgeklärt noch als Quellen genutzt. Abgesehen davon, dass wir individuellen Terror als Mittel der Politik konsequent ablehnten, waren deren Vertreter als geheimdienstliche Quellen »verbrannt«. Die Polizeiapparate der westeuropäischen Staaten hatten sich an ihre Fersen geheftet und jagten sie.

Die zehn Aussteiger, die in der DDR unterkamen und ein normales Leben mit neuer Identität lebten, wurden nicht von uns, sondern von der dafür zuständigen Terrorabwehr, der HA XXII, betreut. Es ging darum, Schaden von der DDR abzuwenden, indem man diese Personen »ruhigstellte«. Das war ganz in ihrem Sinne. Da die Sache höchst konspirativ unter der Leitung von Oberst Harry Dahl abgewickelt wurde, war ich darin weder involviert noch überhaupt informiert.

Die Logik, die hinter dem Engagement des MfS gegen den internationalen Terrorismus steckte, war nach meinem Eindruck nicht nur vernünftig, sondern gesamtdeutsch gedacht.

Dem ist nicht zu widersprechen. Wir bekämpften den Terrorismus, indem wir einerseits mäßigend etwa auf palästinensische Gruppen einzuwirken versuchten und andererseits Terroristen ruhig stellten, indem wir ihnen Rückzugsräume mit der Maßgabe anboten, dass sie sich jeglicher Aktivitäten enthielten. Generalleutnant Gerhard Neiber, als Stellvertretender Minister für die Terrorabwehr verantwortlich, hat an einem Buch (»Die RAF und das MfS«) mitgearbeitet, das wenige Wochen nach seinem Tod 2008 erschien. Darin ist das sehr differenzierte Herangehen an dieses Thema erläutert, wir haben uns da nichts vorzuwerfen. »Die DDR war in zweifacher Hinsicht Transitland. Es gab den Verkehr zwischen dem Bundesgebiet und Westberlin, und Bundesbürger und Westberliner passierten auf dem Wege in Drittländer oder auf dem Rückweg das Territorium der DDR. Personen mit terroristischem Hintergrund wurden von uns gründlich aufgeklärt. Nahmen sie bei uns Kontakt auf und zu wem? Wie verhielten sie sich? Wann kamen sie wieder? ... Wir haben mit allen uns zur Verfügung stehenden nachrichtendienstlichen Mitteln jeden Schritt bei relevanten Personen kontrolliert, mithin genau das getan, was heutzutage jeder Staat tut, der seine Bürger vor Terroranschlägen schützen will. Wir wollten auch verhindern, dass die DDR als Hinterland für Terroranschläge in anderen Staaten genutzt wurde und sich hierzulande ähnliche Gruppierungen bildeten, die sich mit den auswärtigen verbündeten.« Das gelang.

Die Differenzierung und präzise Analyse beim Terrorismus unterschieden sich von der Beurteilung des Klassenfeindes. Da schien das Bild im MfS etwas grobschlächtiger auszufallen.
Daran war Mielke maßgeblich schuld. Er war davon überzeugt, dass der Gegner eine zentrale, über allem stehende Struktur, eine Art Oberkommando, besäße, von dem aus alle Aktivitäten gegen die sozialistischen Staaten geplant und gesteuert würden. Natürlich existierten in der NATO und in der Europäischen Union, die damals noch EWG hieß, Institutionen, die die Po-

litik koordinierten. Und natürlich beschlossen sie gemeinsam Maßnahmen gegen uns – ich erwähnte bereits CoCom und diverse Embargos, Boykotts und andere Sanktionen. Aber diese Staaten hatten und haben auch nationale Interessen, wodurch Widersprüche untereinander entstanden. Eine gleichgeschaltete, zentral gesteuerte Politik war ein Phantom, das in Wirklichkeit nicht existierte. Mielke hat während des Besuches einer Delegation der sowjetischen Aufklärung in Berlin 1988 diese »Zentrale des Klassengegners« beschrieben und die sowjetischen Genossen polemisch gefragt, wann sie endlich in diese »Struktur« eindringen würden.

Nun wissen wir seit Marx von den Unterschieden bei der ökonomischen Entwicklung von Staaten, und Lenin sah darin eine der Ursachen von Kriegen.
Sich auf Marx und Lenin zu berufen, ist das eine, sie auch zu verstehen, das andere. Mielkes eindimensionale Weltbetrachtung führte zum Kampf gegen die »politisch-ideologische Diversion«. Wir hatten dafür auch sofort eine handliche Abkürzung parat: PID. Dieser Begriff reflektierte, nicht zu Unrecht, die Tatsache, dass die kapitalistischen Staaten ökonomischen und ideologischen Druck auf uns ausübten, negierte aber völlig die objektive Widersprüchlichkeit der Entwicklung in der DDR. So wurden die wirklichen Ursachen unserer Probleme nicht erkannt. Die fatalen Folgen kennen wir …

Und was war PUT?
Das war das Kürzel für die »Politische Untergrundtätigkeit«, also für widerständische Handlungen, die sich

in organisatorischen Strukturen vollzogen oder deren Herausbildung zu erwarten war. Das war nicht minder albern, eine Kategorisierung bei Klassengegnern und Feinden der DDR vorzunehmen, die vom Westen inspiriert oder geführt wurden. PID & PUT wirkten auf uns mindestens so wie Mielkes Rede am 13. November 1989 vor der Volkskammer.

Titelfindung

*Warum haben Sie den Vorschlag kategorisch zurückge-
wiesen, dieses Buch »Man wird nicht als Spion geboren«
zu überschreiben?*
Mich stört da das Wort »Spion«. Der Begriff steht für
Maßnahmen und Methoden, die ich verabscheue und
die wir auch nicht angewendet haben. Wir haben zum
Beispiel nie jemanden gezwungen oder unter Druck
gesetzt, für uns zu arbeiten. Das hatten wir nicht nötig, wir fanden genügend Gleichgesinnte. Aus diesem
Grunde haben wir auch nicht von Spionage gesprochen.
Wir haben aufgeklärt.

*Überall auf der Welt nennt man das, was auch die Haupt-
verwaltung Aufklärung des MfS gemacht hat, Spionage.*
Das stimmt eben nicht! Im ganzen Warschauer Pakt
und darüber hinaus – Kuba, Vietnam, die Mongolei –
hieß das »Aufklärung«. Wir haben uns immer ganz
bewusst auch sprachlich abgesetzt von den westlichen
Diensten, ihren kriminellen Methoden und unsäglichen
Traditionen – denken Sie nur an den Bundesnachrichtendienst, der bekanntlich als Organisation Gehlen von
alten Faschisten begründet und aufgebaut wurde. Mit
denen wollten wir uns nicht gemein machen und nannten darum unsere Arbeit »Aufklärung«, uns selbst Auf-

klärer und unsere Helfer »Kundschafter«, nicht Spione oder Agenten. Das war keine ideologische Attitüde.

Aber Ihr ehemaliger Vorgesetzter und Freund Markus Wolf hat doch selbst eines seiner Bücher so betitelt: »Spionagechef im geheimen Krieg«, im Englischen hieß sein Buch im Untertitel »Communism's Greatest Spymaster«.
Hätte Mischa diesen Titel nicht akzeptiert, wäre der Verlag von einer Veröffentlichung zurückgetreten, und er hätte den nicht unbeträchtlichen Vorschuss zurückzahlen müssen.
Für mich ist der Titel seines Buches kein Präzedenzfall, an dem ich mich orientiere. Ich war kein »Spion« und möchte nicht so genannt werden.

Der vorgeschlagene Titel ist eine Adaption von Konstantin Simonows »Man wird nicht als Soldat geboren«, ein starker sowjetischer Antikriegsroman und eine Metapher dafür, dass man mitunter gezwungen wird, etwas zu tun, was man eigentlich nicht tun möchte. Millionen Sowjetbürger mussten in den Krieg ziehen, obgleich sie lieber im Frieden ihrem Tagwerk nachgegangen wären.
Diesen Zusammenhang sehe ich durchaus. Ich wollte eigentlich Lehrer werden, doch ich zog, durch meine Genossen überzeugt, als Nachrichtendienstler in den Kalten Krieg. Es ging mir nicht anders als den Soldaten in Simonows Roman. Zum Glück konnte ich meinen Dienst im Frieden tun – die DDR war an keinem Krieg beteiligt. Und meine tiefe Zuneigung zu den Russen kennen Sie. Und trotzdem: Ich möchte diese Anleihe nicht.

Werner Großmann, November 2016

Überzeugung ist ein gutes Stichwort. Vielleicht sollten wir dieses Buch »Der Überzeugungstäter« überschreiben? Sie handelten schließlich im Dienst so, wie Sie es taten, weil Sie von der Notwendigkeit überzeugt waren, den Sozialismus stärken und den Frieden sichern zu müssen.

Mich stört darin der »Täter«. Der Begriff ist nach meinem Verständnis strafrechtlich belastet.

Nicht jede Tat ist ein Fall für den Kadi.

Ich stehe zu meinen Überzeugungen, keine Frage. Wenngleich ich gern einräume, in den letzten Jahren auch viel dazugelernt zu haben. Dazu gehört auch die Erkenntnis: Ohne wirkliche gesellschaftliche Alternative zu der kapitalistischen Gesellschaft, in der wir heute leben, hat die Menschheit keine Zukunft.

Gehört zu den gewonnenen Erkenntnissen auch jene, nicht zu den »Siegern der Geschichte« zu gehören?
Ja, so bitter das auch sein mag. Aber was heißt »Sieger der Geschichte«? Das ist doch eine Formulierung mit Verfallsdatum.
Ich bin mit meiner Arbeit und meiner Lebensleistung zufrieden und mit mir im Reinen. Die 38 Jahre, die ich im MfS gearbeitet habe, in denen ich mich vom Mitarbeiter zum Leiter entwickelte, waren doch nicht umsonst. Ich habe dazu beitragen können, dass der Kalte Krieg in Mitteleuropa nicht zu einem heißen Krieg wurde. Dass die Bundesrepublik Deutschland mich am 3. Oktober 1990 verhaften ließ, betrachte ich sogar als Auszeichnung und Anerkennung meines Wirkens.
Ich glaubte zunächst, es sei die Wut darüber, dass wir als Auslandsaufklärung der DDR so tief in ihren Staats- und Sicherheitsapparat eingedrungen waren. Mich, den Chef der Aufklärung, holten sie als Ersten …
Ja, nennen wir das Buch »Der Überzeugungstäter«. Das ist ein guter Titel, er charakterisiert mich genau.

»Die Abteilung X war ein Instrument des Psychokrieges. Und deshalb noch geheimer als geheim.«

Horst Kopp
Der Desinformant
Erinnerungen eines
DDR-Geheimdienstlers
256 Seiten, brosch.
16,99 €
ISBN 978-3-360-01315-6

E-Book
12,99 €
ISBN 978-3-360-50138-7

erschienen im Oktober 2016

Das ist die Geschichte des Mannes, der die zweite Stimme kaufte, welche Willy Brandt rettete. Die Union wollte 1972 den Bundeskanzler mit einem konstruktiven Misstrauensvotum aus dem Amt jagen und war sich ihrer Mehrheit ziemlich sicher. Sie hatte die Rechnung ohne das MfS gemacht: Die Auslandsaufklärung der DDR sorgte dafür, dass Brandt Kanzler blieb. Das und was die Abteilung X der Hauptverwaltung Aufklärung (HVA) sonst noch besorgte, erzählt hier Horst Kopp, der ihr seit deren Gründung 1966 angehörte.

Archiv Werner Großmann S. 19, 21, 24, 31, 38, 47, 49, 51, 55, 56, 72, 73, 74, 77, 102, 116, 124, 133, 148, 175, 195, 209, 210, 227, 243; Archiv edition ost S. 32, 120, 128, 135, 141, 145, 147, 155, 156, 185, 189, 228; Robert Allertz S. 11, 64, 68, 90, 99, 110, 137, 161, 165, 167, 170, 181, 192, 197, 202, 215, 218, 221, 225, 235, 237, 251

MIX
Papier aus verantwor-
tungsvollen Quellen
FSC® C014496
www.fsc.org

ISBN 978-3-360-01880-9

Umschlaggestaltung: Buchgut, Berlin
Druck und Bindung: GGP Media GmbH, Pößneck

Die Bücher der edition ost und des Verlags Das Neue Berlin erscheinen in der Eulenspiegel Verlagsgruppe.

www.eulenspiegel.com